この本をエリーとママとパパにささげる。長年のサポートへの感謝をこめて。

──────── スチュアート・ヒル

リンダへ。彼女が話してくれたモンスターや謎めいた生き物たちの物語は、
コーネリアス・ウォルターズの物語に負けないくらい、すばらしかった。

──────── サンドラ・ローレンス

Atlas of Monsters
First published in the United Kingdom by Big Picture Press,
an imprint of Kings Road Publishing, part of the Bonnier Publishing Group,
The Plaza, 535 King's Road, London, SW10 0SZ
www.bonnierpublishing.com

Artwork copyright © 2017 by Stuart Hill
Text copyright © 2017 by Sandra Lawrence
Design copyright © 2017 by The Templar Company Limited
Original edition published in English under the title of : Atlas of Monsters

This edition is published by arrangement with Templar Publishing,
an imprint of Kings Road Publishing Ltd, London
through Tuttle-Mori Agency, Inc., Tokyo.

Consultant : Asa Simon Mittman, Professor of Monster Studies,
Department of Art and Art History,
California State University, Chico United States
Designed by Winsome D'Abreu
Edited by Katie Haworth

世界モンスターMAP

2018年6月30日　初版発行

絵 ──── スチュアート・ヒル
文 ──── サンドラ・ローレンス
訳 ──── 小林美幸
日本語版デザイン ── 高木義明・吉原佑実（インディゴデザインスタジオ）
発行者 ── 小野寺優
発行所 ── 株式会社河出書房新社
　　　　　〒151-0051　東京都渋谷区千駄ヶ谷2-32-2
　　　　　電話　03-3404-8611（編集）
　　　　　　　　03-3404-1201（営業）
　　　　　http://www.kawade.co.jp/

Printed in Malaysia　ISBN978-4-309-27925-1
落丁・乱丁本はお取り替えいたします。
本書のコピー、スキャン、デジタル化等の無断複製は著作権法上での例外を除き禁じられています。
本書を代行業者等の第三者に依頼してスキャンやデジタル化することは、いかなる場合も著作権法違反となります。

絵 = スチュアート・ヒル
文 = サンドラ・ローレンス
訳 = 小林美幸

河出書房新社

イギリス、ロンドン、
ブルームズベリー地区
メルカトル地図制作会社
編集者　エドマンド・ライト様

拝啓
　わたしは、バークシャー州にあるハーデカ家の館で図書館司書をつとめている、ブリッグスともうします。じつは、この館ですばらしい発見をいたしました。本日は、その件についてお手紙をさしあげます。

　今は亡きハーデカ家の主、マグナス・ハーデカ教授は、古い写本の熱心なコレクターでした。とくに、16世紀の詩人で世捨て人の、コーネリアス・ウォルターズ（1542年生まれ—1616年死去）の収集に力を入れておられました。

　悲しいことに、ハーデカ教授は1年前に、この世を去りました。わたしたちは、亡くなる前の教授に、ほとんどお目にかかっておりません。教授は、わたしたち使用人には明かされていない何かに、没頭しておいでのようでした。しめやかな葬儀を終え、わたしはオークションの準備のため、教授が集められたコーネリアス・ウォルターズの詩集の整理にとりかかりました。高値で売れるとは思えませんでした。なぜなら、ウォルターズは当時、一流の詩人とは考えられていませんでしたし、それどころか、非常に低い評価を受けていたからです。

　目録を作っていたときのことでした。わたしはうっかりつまずいて、チューダー様式の柱にぶつかってしまいました。すると、おどろいたことに、壁が動いて、かくし部屋があらわれたのです。

　そこは、ほこりとクモの巣だらけの空間でした。うす暗さになれると、わたしの目は古びた箱に引きよせられました。何本もの細い鉄の帯で補強されたがんじょうな作りで、大きな錠前がひとつ。鍵穴のまわりには、まだ新しい指紋がついていました。ということは、この400年間で偶然にこの場所をみつけたのは、わたしがはじめてではないのでしょう。おそらく、ハーデカ教授が最初にみつけたのです。

　箱の中には、コーネリアス・ウォルターズが若かりしころに記した文書の束が入っていました。わたしの胸は高鳴りました。なぜなら、それが詩集ではなく、絵地図だったからです。文字も絵も、ウォルターズの手によるものです。ウォルターズはそこに、世界中の奇妙で不思議な生き物について記していた——まるで、彼が自分自身の目で見てきたかのように。

　はるか昔の古代ギリシャとローマの時代から、多くの作家が、旅人の話や想像力をたよりに、知識のすき間をうめてきました。なかでも、もっとも有名なのは、『博物誌』を記した古代ローマの歴史家、大プリニウス（23年生まれ—79年死去）でしょう。『博物誌』には動物の巻があり、そこにはたくさんの空想上の生き物について書かれています。わたしは、それと似たような作品を期待したのです。

ところが、読み進めるうちに、わけがわからなくなってきました。コーネリアス・ウォルターズの文章は、あたかも彼本人が実際に世界中を航海し、伝説上の生き物についての記録をつけていたように、つづられているのです。もちろん、そんなことはありえません。ウォルターズが記録したモンスターは、ドラゴンや吸血鬼といった、神話や民話にでてくるものや、想像上の生き物ばかりだからです。

　ウォルターズがこの地図帳を世間に発表するつもりだったことは、まちがいありません。なのにどうして、彼はこの地図帳をかくし、残りの人生を下手な詩を書いてすごしたのでしょうか？　わたしにはさっぱりわかりません。現代では、こうした生き物が本当にいると信じている人は多くはありません。とはいえ、ウォルターズの全世界におよぶ旅は、彼を、当時の偉大な探検家である、ウォルター・ローリー卿やフランシス・ドレイク卿とならぶくらい有名にしていたはずです。

　ここに、わたしの研究の成果を同封いたします。わかりやすくするために、現代の国境線と国名をかさねて、ウォルターズの地図と記録を複製しました。また、気になるところには、メモをはりつけておきました。ごらんになればおわかりかと存じますが、ウォルターズはモンスターについての記録のなかに、奇妙な記号も描き写しています。

　わたしは当初、これらの文書はすべて、ただの作り話だと考えていました。ですが今は、確信がもてません。この記録のなかには、わたしには理解できない謎があるのです。気づけば、わたしのなかで、この記録を信じる気持ちがどんどん強くなっていて……ああ、いけません。あなたは、わたしが妄想にとりつかれていると考えるでしょうね。錯覚や思いこみは、だれにでも起こることですから。

　これまではずっと、わたしひとりで調べてきました。ですが、御社の専門家に見ていただけば、さらにくわしいことがわかるのではないかと考え、わたしの発見を託したいと存じます。もしも興味をもっていただけたならば、それはおそらく、このたぐいまれな文書を出版し、世界中の人々に読んでもらうときがきた、ということなのでしょう。

敬具

7月2日

イギリス、バークシャー州
ハーデカ家司書
ルース・ブリッグス

Ruth Briggs

1563年7月1日
イギリス、サウサンプトン、宿屋マーメイドにて

今日はたいへんめでたい日だ。わたし、バークシャー州のウォルターズ家の世継ぎ、コーネリアス・フォリーウォール・モンタギュー・ウォルターズは、21歳の誕生日をむかえ、当家の遺産を相続した。

父と母はわたしに、法律を学ぶことを望んだ。だが、わたしは少年時代に流浪の詩人が当家をおとずれたとき以来、冒険にあこがれ、この道を選んだ。その詩人が暖炉のそばで語ってくれたのは、すばらしい生き物や遠い異国についての、心おどる物語だった。

わたしは帆船ドラゴン号を手に入れ、意気さかんな乗組員とともに、探検の旅に出ることにした。

ハルをのぞいては、全員がたくましく経験豊富な船乗りたちだ。ハルは、当家の料理人ウィル・ハーデカの息子で、まだ若い。ぜひいっしょに連れていってほしいと志願してきたのだ。お荷物になるのではないかと心配したが、こうも思った——少年時代のわたしも、探検の旅のためなら左右の目をさしだしただろう、と。ハルの父親は「機転のきく子です」と言っていたが、その言葉が本当であることを願うばかりだ。

わたしの目的は、広範囲にわたる地図を作ることだ。この世界の、怪物がいる場所を記した『地図帳』を作り、我が同胞に知識をあたえるのだ。

どんな旅になるかは、まったくわからない。危険をともなうことは明らかだし、もどってこられない可能性もある。だが、わたしは、自分の目でこの世の驚異を確かめなくては、満足できないのだ。

コーネリアス・ウォルターズ
Cornelius Walters

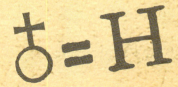

もうひとつ、書いておかねばならない。まさに今夜、サウサンプトンを出港する前夜のこと。この宿屋のわたしの部屋に、配達人が奇妙な手紙を届けにきた。見たこともない、文字らしきもので、こう記されている。

⛭⚵⚴⚶ ⚸⚹ ⚶⚹⚳ ⚴☉⚴
ヒンメレ

⚹⚶⚳ ⚶⚶ ⚳⚸⚴⚴ ⚳⚹⚺⚶⊙
ロシそだち ヒンメレ

⊛⊙ ⊛⚴⚴⚸ ⚳⚸ ⚴⊙⚷⚴⚶
リセンレ

⚴⚸⚹⚹⊙⚶
わたしをたすけて

この件は、だれにも言わないでおこう。たいしたことではあるまい。おそらくは、ただのいたずらであろう。

目次

以下は、わたし、コーネリアス・ウォルターズが探検した地域を描き、各地で発見したモンスターを分類して記録した地図の一覧である。

イギリスとアイルランド	12
北ヨーロッパ	14
南ヨーロッパ	18
東南ヨーロッパ	22
ロシアと中央アジア	24
中国と中央アジア	28
日本	32
南アジアと東南アジア	34
中東	38
アフリカ	42
北アメリカ	46
南アメリカ	50
オーストラリアとニュージーランド	52
太平洋諸島	56

ウォルターズは本当に、すべての地域を航海したのだろうか? このリストによると、当時の探検家のだれよりも、遠く広く旅したことになる。——ブリッグス

イギリスとアイルランド

わたしは少年時代から、このふたつの島国にいる、おそろしくも謎めいたモンスターたちの悪夢にうなされてきた。我が故郷ですらこんな怪物たちがいるのなら、広い世界では、どれほどの驚異と出会えるのだろう？

1. ドアル・クー アイルランドにいる「水中の猟犬」。エサとなる人間を探し、陸と水中を広範囲に移動する。

2. フィン・マックール 古代の妖精の血をひく、アイルランドの巨人兵士。スコットランドの巨人ベナンドナーに勝ったことで知られる。

3. レプラコーン アイルランドにいる。赤か緑の服を着て、靴屋の革エプロンをつけている。なぜなら、レプラコーンは靴職人なのだ。彼らは虹の根っこに宝物をかくしている。願いをかなえてくれるレプラコーンもいるが、油断は禁物。彼らは人間にいたずらをするのが大好きなのだ。

4. ナックラヴィー オークニー諸島におり、馬と騎手が合体したような姿をしている。皮ふも毛もなく、全身、血のにじむ肉がむき出しになっている。

5. ネス湖の怪獣 スコットランドのネス湖にすむ、悪名高き怪獣。565年に、聖コルンバが最初に目撃した。巨大な体で、ヘビのような長い首をもつ。

6. トロウ イギリス最北端の島々の出身。北欧のトロールに似ているが、もっと小さい。地下に家があり、バイオリンを弾く人間をおびきよせて、そこで演奏させる。太陽の下では生きられないため、夜にしか出てこない。

7. グリーンマン 森の精霊。葉っぱや枝で全身がおおわれている。イギリス全土で知られており、グリーン・ジョージ、ホーリーマン、ジャック・イン・ザ・グリーンなど、さまざまな名前でよばれている。

8. 陸にとじこめられた人魚 ピーク地方の2匹の人魚。1匹はキンダー・スカウト高原の頂上にある池にいて、人間に不死をあたえ、もう1匹はブラックミア池にいて人間を引きずりこんで殺す。

9. ゴグとマゴグ ロンドン市を守っている2大巨人。戦士ブルータスにとらえられ、鎖につながれてロンドンの門番にされた、という説もある。

10. コーンウォールのピスキー 赤い髪ととがった耳をもつ、いたずら好きな妖精。馬をぬすんで乗って円を描き、「ガリトラップ」とよばれる、妖精の輪を作る。「ガリトラップ」に両足を入れた人間は、ピスキーにとらわれてしまう。

11. ナッカー 「ナッカー・ホール」とよばれる池にいるウォーター・ドラゴン。ウェスト・サセックス州ライミンスターの「ナッカー・ホール」には、かつて、おそろしいドラゴンがいたが、ジム・パルクという地元の男が退治した。ジムは毒入りのサセックス・プディングでドラゴンを殺した。

12. ウェールズの赤いドラゴン ウェールズのシンボル。5世紀、大君主ヴォーティガンは城を建てようとしたが、毎晩くずれてしまう。すると、マーリンという少年が、塔の下で赤白2頭のドラゴンが戦っているからだと説明した。やがて、赤いドラゴンが勝利した。

ここにとどまるわけにはいかない。わたしは今、地球上のすべての地域の怪物を調査し記録することを心から望んでいる。そのために上質の羊皮紙を買ったのだが、あやしい炎に燃やされてしまった。残った灰は勝手に動いて、奇妙な形を描いた。

我らがドラゴン号は、1563年7月2日にサウサンプトンを出港した。わたしは確信している。新たな不思議が我々を待っていることを。

ジャイアンツ・コーズウェイの伝説

アイルランドの巨人フィン・マックールは、スコットランドの巨人ベナンドナーと戦うため、海に岩を投げこんで、スコットランドまでつづく長い道、ジャイアンツ・コーズウェイを作った。だが、ベナンドナーがものすごく大きいと知って、フィンは逃げ帰った。ベナンドナーはアイルランドまでフィンを探しにきた。そこで、フィンの妻は、フィンに赤ちゃんのような服を着せた。すると、ベナンドナーは逃げていった。なぜなら、こう思ったからだ。「赤ん坊がこんなに大きいのなら、父親のフィンはどれほどの巨人なのだろう？」

ジャイアンツ・コーズウェイは、北アイルランドのアントリム州にある。

ウォルターズは、これらの記号を何らかのメッセージだと確信していたようだ！当時の記録によると、1563年7月に、ドラゴン号という船がサウサンプトンを出港している。これが、ウォルターズの船だったのだろうか？
——ブリッグス

近年、ネス湖の怪獣はかつてないほど目撃されている。神秘的な存在を信じたいという人間の願望は、今にはじまったことではない。
——ブリッグス

何百キロもはなれているにもかかわらず、イギリス諸島のグリーンマンとレーシィには、興味深い類似点がある。交易によって民話が広まったのだろうか？——ブリッグス

スウェーデン
15. アンドヴァリ
16. イクトゥルソ
22. レーシィ
白海
14. フェンリル
バルト海
フィンランド
17. アンテロ・ヴィプネン
23. ヴォジャノーイ
エストニア
ロシア
18. 巨人のトゥッル

我々は無事に川を渡った。ハル少年がヴォジャノーイに、安全な航海と引きかえに魚をやったおかげだ。

19. ネリンガ
ラトビア
リトアニア
20. オブラ川の怪物
ベラルーシ
21. ヴァヴェルのドラゴン
ウクライナ

北ヨーロッパ

15

イギリスから北ヨーロッパへと航海したウォルターズは、自分が神話のなかの生き物を追跡していることを確信していた。わたしには、まだ信じられない。ウォルターズはなぜ、これらの生き物が旅人たちの作り話だと考えなかったのだろうか？――ブリッグス

北ヨーロッパ

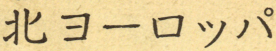

母国イギリスをはなれたわたしは、北ヨーロッパの王国の数々を航海した。この寒い地域の生き物たちは、あやしく、危険だ。遭遇しないよう避けるべきなのだが、乗組員たちは、モンスターに出会うと大よろこびだった。

1. グリムゼー島のトロール 3頭のおそろしいトロール。溝をほって西部フィヨルドとアイスランドを分断しようとしたが、夜明けが来るのに気づかず、朝日をあびて石になってしまった。3頭とも、今も石になったままだ。

2. ムーシュヴェリ アイスランドの海中にすむ邪悪なモンスター。別名「ネズミクジラ」。カミソリのようにするどい歯と、ムチのような長い尾をもつ。ものすごい速さで泳ぐ。

3. セルキー フェロー諸島、スコットランド、アイルランド、アイスランドにいる。海ではアザラシの姿で、陸上では人間の姿になる。ときどき、セルキーの女性のアザラシの皮をかくし、海にもどれないようにして結婚する人間がいるが、かならず悲しい結末になる。

4. ケルピー スコットランドの水辺にいる。キラキラ光る目をもつ馬の姿で川や湖の浅瀬にあらわれ、人間を食べる。あとに残されるのは、水にうかぶはらわただけだ。

5. ブラック・シャック イングランド東部にいる不吉な黒い犬。旅人は闇夜に、川べりや沼地や墓地で、ブラック・シャックのもじゃもじゃの毛や、氷のように冷たい息を感じる。

6. ラムヒギン・ア・ドゥール ウェールズ地方の怪物。「ウォーター・リーパー」ともいう。ウロコにおおわれた尾とコウモリの翼をもつ。湖にひそみ、漁師を引きずりこんで殺す。

7. バンシー いまわしいさけび声でおそれられている、アイルランドの女の妖精。髪は乱れ、泣いているせいで目が赤い。バンシーの泣き声は死の予告なので、だれも聞きたがらない。

8. ドラウゲン 北欧の民話によると、ドラウゲンは海で遭難した船乗りの幽霊で、全身が海藻におおわれている。嵐の夜に、この世のものとは思えないさけび声をあげて、漁師の船をしずめる。

9. ドルオン・アンティゴーン 大昔、巨人ドルオン・アンティゴーンは、スヘルデ川の通行料を要求して払えない者の手を切り落とし、ベルギーの船主たちからおそれられていたが、シルヴィウス・ブラボーというローマの戦士によって殺された。

10. ゴブリン 多くの国で目撃されている。オランダでは、寝る前にチーズを食べた人の胸にすわって、おそろしい「チーズの夢」を見させると言われている。ドレンテの村人たちはかつて、朝日がゴブリンの群れを石に変えるまで、ひと晩じゅう戦いつづけた。

11. ブロッケン山の魔女たち 年に1度、ヴァルプルギスの夜（5月1日の前夜）に、ドイツのハルツ山地のブロッケン山に魔女たちが集まる。ほうきやヤギにまたがって到着した魔女たちは、翌朝までおどり明かす。

12. リントヴルム 墓地やさびしい場所にあらわれる大蛇。ヘビのように脱皮し、人間を丸のみする。リントヴルムの伝説は、スカンジナビア全域に残っている。

13. クラーケン 深い海にすむ、タコのような姿のモンスター。北欧の民話にでてくる。すさまじい竜巻を起こし、待ちか

北欧神話では、フェンリルは脱走し、最高神オーディンを飲みこむ。古代の「北の国々」の神話は、9世紀から11世紀にバイキングによって、スカンジナビアや北ヨーロッパに広まった。フェンリルは、いたずら好きの神、ロキの息子である。
――ブリッグス

まえていた触手で船を引きずりこみ、人間を食べる。

14. フェンリル
オオカミの姿をした巨大な怪物で、とても凶暴なため、北欧の神々によって鎖で岩にしばりつけられた。その鎖は、魚の息、猫の足音、熊の神経、鳥の唾液、女性のヒゲ、山の根っこを使って、妖精が作った。

15. アンドヴァリ
滝の下にすむこびと。ばく大な富をもたらす魔法の指輪を、北欧の神ロキにうばわれてしまった。そこでアンドヴァリは、魔法の指輪と指輪が生みだす黄金に呪いをかけた。

16. イクトゥルソ
フィンランド近くの海にすむおそろしいモンスター。すべての病気をつくりだした。

17. アンテロ・ヴィプネン
フィンランドの眠れる巨人。とても長いあいだ眠りつづけているので、彼が毛布にした土からは森が育った。彼は、眠りながら知識を吸収している。

18. 巨人のトゥッル
エストニアのサーレマー島の英雄。地下世界の邪悪な悪魔グレート・ヴァイル・ワンと戦って敗れた。たおれたトゥッルの体と頭は、今では曲がりくねった国境になっている。

19. ネリンガ
リトアニアの巨人の少女。おそろしい海のドラゴンから漁師たちの家を守るため、砂州を作った。感謝した漁師たちは、彼女の名前を町の名前にした。

20. オブラ川の怪物
ポーランドのオブラ川にあらわれる。ヘビに似ているという人もいれば、巨大なナマズに似ているという人もいる。

21. ヴァヴェルのドラゴン
ポーランドの古都クラクフのヴァヴェル城の地下の洞窟にいた、どう猛な人食いドラゴン。貧しい靴職人に退治された。靴職人がドラゴンに硫黄をぬった子羊を食べさせると、口のなかをやけどしたドラゴンは、冷やそうとしてビスワ川の水を大量に飲み、胃が破裂した。

22. レーシィ
いたずら好きな森の精霊。緑をまとった毛むくじゃらの老人の姿であらわれることが多い。旅人を迷わせるが、野生の生き物を守っている。夜になると、レーシィの笑い声が聞こえる。レーシィは、東ヨーロッパのスラヴ民族の神話によく登場する。

23. ヴォジャノーイ
スラヴ神話にでてくる古代の水の精。コケにおおわれた丸太にのった、毛むくじゃらの老人の姿をしている。人間を川や池におびきよせ、引きずりこんでおぼれ死にさせる。

危険な北方地域で3か月をすごしたあと、わたしは乗組員に、南へ向かうよう命じた。冬が近づいているからだ。出発の準備をしていると、よく目のきくハルから、見張り台にのぼって下を見てほしいと言われた。氷に入った深い亀裂が、このような奇妙な形を描いていた。意味はわからない。古代の文字のようにも見える。

ウォルターズの時代の人々は迷信深く、自然現象からさまざまな意味を読み取ろうとした。ウォルターズが、氷の亀裂を何かの文字だと考えたように。——ブリッグス

17

南ヨーロッパ

南ヨーロッパの危険な海や陸地では、たくさんのおそろしい生き物を発見できるだろう。つい2日ほど前も、この地図に記すべき、新たなモンスターを発見したばかりだ。

ウォルターズは、これらのモンスターを自分の目で見たと信じていたようだ。彼は本当に見たのだろうか？ それとも、見たい気持ちが強すぎて、見たと思いこんでしまったのだろうか？——ブリッグス

1. クエグレ スペインのカンタブリア州のモンスター。3つの目がギラギラと光り、うでには手も指もない。母親たちは、クエグレがきらうヒイラギの枝をゆりかごに入れて、こどもたちを守る。

2. エル・サンガロン スペインのサモーラ地方の巨人。サンソレス・デル・ビーノ村の人々は、毎年、エル・サンガロンの扮装をしてパレードをする。

3. コンテ・アルナウ 邪悪な貴族のコンテ・アルナウは、領民に残虐なしうちをしたため、呪いをかけられた。彼の全身は燃えあがり、凶暴な犬においかけられ、ゾンビの馬に乗って永遠に走りつづけなければならない。嵐の夜にあらわれる。

4. モウラ・エンカンターダ ポルトガルの近くにいる。頭と体は美しい女性で、腰から下はヘビ。呪いをかけられて宝物を守っており、呪いをといてくれる人間を探している。

5. ホック・ブラス フランス、ブルターニュ地方の巨人。巨大なフックのようなうでが、名前の由来。ものすごい食欲で、大型の帆船を飲みこんでも、空腹がおさまらない。

6. ルー・カルコル フランス南西部の洞窟にすむ。カタツムリのからがあり、ネバネバした触角で人間をつかまえて食べる。

7. タラスク フランス南部のプロヴァンス地方にいる。ドラゴンに似ているが、動物と魚が合体したような怪物だ。

8. ル・シュヴァル・マレ フランスにいる、美しく凶暴な馬。月のない夜に人間を待ちぶせし、乗ったとたんに、ハリケーンより速く走りだす。夜の終わりには、乗った人間はつかれはてて死ぬか、ル・シュヴァル・マレに踏み殺される。

9. ダム・ブランシュ フランスの民話にでてくる「白き貴婦人」という意味の名の精霊。白いドレスを着て旅人を待ちぶせし、ダンスにさそう。ひきうけると、おごそかにおどって、やがて姿を消す。ことわった者は、ダム・ブランシュの仲間（フクロウ、猫、いたずら好きな妖精リュタンなどの夜の生き物）に痛めつけられる。

10. ブチャーチ＝クン＝イルクス スイスアルプスのルシャジー湖にすむ。牛の胃袋の形をした肉のかたまりで、全身が、まばたきをする何百個もの目におおわれている。

11. クランプス 半分が山羊、悪魔の姿をしたモンスター。クリスマスのシーズンに、この地域の国々にあらわれる。悪いこどもを入れて連れ去るための、カゴを背負っている。

12. タラントージオ イタリアのジェルンド湖周辺の人々をおそれさせていたドラゴン。湖の水がなくなったので、タラントージオは死んだはずだ。

13. 真実の口 ローマにある。大理石でできたおそろしい古代の神の顔。その口に、うそをついたばかりの人間が手を入れると、食いちぎられてしまう。

14. スキュラとカリュブディス イタリアとシチリア島のあいだにある、メッシーナ海峡の両側にすんでいる、2頭のおそろしいモンスター。このせまい海峡を通るとき、船乗りたちは、どちらかの危険を選ばなければならない。

15. ペッテネッダ サルディーニャ島の井戸の底にすむ鬼ばば。髪がぐちゃぐちゃにもつれていて、ずっととかしている。井戸に落ちたこどもは、永遠にペッテネッダの髪をとかさせられる。

16. アカディーネ シチリア島にある、真実とうそを見分ける魔法の泉。紙に書いて泉に入れると、真実であればうかび、うそであればしずむ。

17. アウフホッカー ドイツの森にいる。アウフホッカーとは「とびかかる」という意味で、その攻撃の仕方から名づけられた。獲物の背中にとびかかり、のどを切りさく。黒い犬や馬、あるいは人間の姿に化ける。

18. タッツェルブルム 体長は2メートルほど。ウロコのあるヘビのような体で、頭部は猫に似ている。毒むりをはき、山のわれ目にすんでいる。

19. ゴーレム 泥から作られ、魔術によって、主に仕えるよう命をあたえられた。名前をはずされると、くずれて土にもどる。ユダヤ人の民話にでてくる。もっとも有名なゴーレムは、チェコ共和国のプラハで作られたものだ。

20. ガラボンツィアとゾモック ガラボンツィアは、ハンガリーの偉大な魔法使いの一族。彼らは、ゾモックとよばれるドラゴンをつかまえて乗りこなす方法を知っていた。ゾモックは、その翼で嵐を起こすことができる。

21. ブカヴァッツ 湖や池にすむ、ツノがある6本脚のモンスター。おそろしい声をあげて、獲物をしめ殺す。「ブカ」は、クロアチア語で「さけび声」のことだ。

南ヨーロッパのモンスターの伝説

以下は、この地域の賢人たちから教えてもらった伝説である。忘れないよう、ここに記しておく。

19.

18.

1900年代のはじめに、ジュネーヴの大学に、タッツェルブルムの骨格の写真が送られてきた。あれは、ウォルターズがこの地図に記しているモンスターだったのだろうか？ タッツェルブルムの骨格そのものは、現在行方不明になっている。——ブリッグス

我々は3か月以上かけて、勇猛果敢にこれらの国々を旅してきた。そして、さらに航海をつづける。今度は、ギリシャの島々を目指すのだ。おそろしいスキュラからのがれて船を進めていると、我がドラゴン号の甲板に大量の海藻があらわれた。ハル少年がすてようとしたが、そのとき、わたしは、海藻が謎めいた形を描いていることに気づいた。ここに記しておく。

だが、わたしには、いまだにこの記号の意味がわからない。

聖マルタとタラスク

聖マルタはタラスクにやさしく話しかけ、首輪をつけて手なずけた。だが、町の人々はタラスクをおそれて殺してしまい、すぐに後悔した。なぜなら、タラスクはまったく抵抗しなかったからだ。人々はタラスクに敬意を表して町の名を「タラスコン」に変え、毎年、タラスクを模した張り子を引いて町中をパレードするようになった。

14. 7. 6.

プラハのゴーレム

わたしは、ユダヤ人を守るためにプラハで作られた、有名なゴーレムの遺体を見た。ブルタバ川の泥で作られ、ラビ・レーヴによって命をふきこまれたゴーレムはつとめをはたしたが、恋におちて相手にふられると凶暴になった。そこで、ラビはゴーレムの命を取りあげたのだ。ゴーレムの遺体はシナゴーグの屋根裏部屋で、町に危機がせまったときに、ふたたび命をあたえられるのを待っている。

20.  12.

ウォルターズは、海藻が何らかのメッセージを伝えていると確信したらしい！ 彼は学生時代に、ギリシャ神話の英雄オデュッセウスについて学んだのだろう。そして、3人の乗組員の死を、オデュッセウスをおそったモンスター、スキュラとカリュブディスのせいだと考えたようだ。——ブリッグス

スキュラとカリュブディス

スキュラはかつて、美しい水の妖精だったが、彼女をねたんだ魔法使いによって、おそろしい海のモンスターに変えられてしまった。今では、スキュラの下半身からは、頭がついたたくさんの触手がはえてうごめいている。カリュブディスは永遠にのどがかわいていて、大量の海水を飲んではきき出して、危険なうず巻きを作りだしている。

21.

東南ヨーロッパ

この地域の海はおそろしいが、陸地にひそむ危険とくらべれば、たいしたことはない。とくに、ギリシャで遭遇するであろうモンスターは、おそるるに値するものばかりだ。

1. ヴァンパイア 死人だが、死んでいない「不死」の怪物。夜にうろつき、人間の首から血を吸う。この地域のあちこちに存在している。

2. バラウール ルーマニアにいる、頭がたくさんあるヘビのような姿の、邪悪な怪物。人間を食べる。

3. オオカミ男 ふだんは人間の姿だが、満月の夜にモンスターに変身する。超人的な力をもち、人間の肉を食べないと満足できない。ヨーロッパ全土で知られている。

4. スヴャトゴール 悲惨な死をとげた、怪力の巨人。魔法のふくろをみつけたが、重すぎてもちあげられず、何時間も引っぱりつづけるうちに地下にうまってしまい、そこで死んだ。

5. ケンタウロス 上半身が人間で下半身が馬の、どう猛な怪物。ギリシャの山や森をうろついている。かしこくやさしいときもあるが、おこりっぽくて気性が荒い。

6. ハルピュイア おそろしい嵐の精霊。体は猛禽類で、顔は凶暴な人間の女性。翼とかぎづめは、黄銅でできている。

7. キュクロプス ギリシャにいる、ひとつ目のおそろしい巨人。もっとも悪名高いポリフェムスは、英雄オデュッセウスと彼の乗組員をとらえた。オデュッセウスたちは、ポリフェムスが眠っているあいだに目をつぶして、脱出した。

8. ミノタウロス 頭が牛、体が人間で、人間を食べる。クレタ島のミノス王は脱出不可能な迷宮を作って、ミノタウロスをとじこめた。アテネのテセウス王子が、ミノス王の娘アリアドネの助けをかりて、ミノタウロスを殺した。テセウスはアリアドネがくれた毛糸玉のおかげで、迷宮から脱出できたのだ。

9. キマイラ 頭がライオン、尾はヘビ、体は山羊の、火をはくモンスター。トルコのあちこちであばれて村や町をこわしたため、ペガサスという翼のある馬に乗った英雄ベレロフォンによって、殺された。

一生をかけてこの地域の怪物を研究する者もいるだろう。だが、陸地も島々もはるかこうに遠ざかり、我々は今、さらに東へと船を進めている。帆を上げたときのことだ。奇妙な鳥の群れが飛んできて、くちばしで帆を切りさいた。その切れ目の形を見てからというもの、わたしは悪夢にうなされるようになった。

スヴャトゴールは空の棺の大きさをためすために中に入って出られなくなった、という言い伝えもある。——ブリッグス

ウォルターズは気もちがたかぶりすぎていて、これらの記号が見えたと思いこんだのだろう。これほどふくざつな記号は、鳥にはぜったいに作れない。——ブリッグス

ヘラクレスの試練

東南ヨーロッパと南ヨーロッパの地図に記されたモンスターの多くは、古代のギリシャ神話に出てくる。たとえば、アカディーネ、ケンタウロス、ハルピュイア、スキュラとカリュブディス、キマイラ、キュクロプス、ミノタウロスなどだ。——ブリッグス

10. ヘラクレス
ギリシャの英雄ヘラクレスは、狂気におちいって自分の家族を殺した罪のつぐないとして、12の功業をなしとげるよう命じられた。そのなかには、身の毛もよだつようなおそろしい怪物を退治する試練もあった。多すぎてこの地図には書ききれないので、とくにおそろしい怪物を記しておく。

ネメアの獅子
巨大な獅子で、鉄や銅や石の武器では死ななかった。ヘラクレスは素手でしめ殺した。

レルネーのヒュドラ
頭がいくつもある水蛇。ひとつの頭を切り落とすと、ふたつの頭がはえてくる。そこでヘラクレスは、ひとつ切り落とすたびに傷口を焼いて、新しい頭が出てこないようにした。最後に残った頭は不死だったので、岩の下にうめた。

ゲリュオン
頭が3つ、脚が3組ある怪物。牛を飼っていて、おそろしい猛犬をつれている。ヘラクレスはゲリュオンの牛をうばってくるよう命じられた。

ステュムパリデスの鳥
凶暴な鳥で、くちばしとかぎづめは銅でできており、フンには毒がある。ヘラクレスはネメアの獅子の皮で身を守りつつ、この鳥たちを殺した。

ケルベロス
3つの頭をもつ地獄の番犬。ヘラクレスはケルベロスをとらえたが、後に、もとの場所に帰してやった。

ウォルターズがこれほど遠くまで航海したとは、おどろくばかりだ。この地域の一部は、今の時代でもたどりつくのがむずかしい。ウォルターズは本当にここまで来たのだろうか？ それとも、ただの大うそつきなのだろうか？——ブリッグス

ロシアと中央アジア

東方の北部地域に向かっている。とてもへんぴな、人里はなれた場所もいくつかあり、そこに住む人々は、雪をかぶった山々や暗い森にひそむ生き物の話を語り継いでいる。大地と空気と炎の怪物たち……非常に危険なものばかりだ。

1. クロイツェ ロシア北西部にいる巨大な怪鳥。ワシに似ているが、はるかに大きい。

2. バーバ・ヤーガ スラヴの民話に伝わるおそろしい魔女。歯は鉄で、ガイコツのようにやせていて、つねに人間の血に飢えている。バーバ・ヤーガの小屋はニワトリの脚がはえていて歩くことができ、まわりのさくはバーバ・ヤーガが食べた人間の頭蓋骨でかざられている。

3. キキーモラとドモヴォーイ ロシアにいる、家を守ってくれる小さな精霊で、ドモヴォーイはひげをはやしており、ニワトリの世話をし家を守る精霊のキキーモラと結婚することが多い。ふだんは人間に協力的だが、家をちらかしておくと、おこって物を投げはじめる。

4. ソロベイ・ラフマティチ 半人半鳥のモンスター。かつては、ウクライナのチェルニゴフからキエフにつづく道を見おろす巨木にとまっていた。かん高い鳴き声をあげて通行人を殺し、荷物をぬすんだ。

5. パレスマルト ヴォルガ川のそばにいる奇怪なモンスター。体が半分しかなく、うでも脚も1本だけで、目もひとつ。旅人をわなにかけ、しめ殺す。

6. マンププニョルの巨人 ロシア北西部の7つの岩の巨人。雪におおわれた山頂で、こおっている。彼らはかつて、近くに住むマンシ族を征服するため山を越えようとした。だが、神聖なマンシの山々を見たリーダーが太鼓を落としてしまい、7人とも岩になった。

7. ウピル オオカミだという人も、吸血鬼だという人もいるが、危険なモンスターであることは、だれもがみとめる。昼間はロシアの墓地で眠り、夜になると人間をおそって殺す。

8. 火の鳥 スラヴの伝説にでてくる。クジャクとよく似ているが、その羽は炎の色にかがやいている。たった1まいの羽だけで、広い部屋が赤、黄、オレンジの光で明るくなる。

9. ズメイ この地域にはドラゴンがたくさんいて、ズメイとよばれている。もっともどう猛なのは、トゥガーリン・ズメイ。勇者アリョーシャ・ポポーヴィチはトゥガーリンと戦ったがなかなか勝てず、はげしい雷雨に翼を切りさかれたトゥガーリンが地面に墜落したところで、頭を切り落とした。

10. アルクラ シベリアのブリヤート人に伝わるドラゴン。翼で空をおおいつくすほど巨大。毎日ひと口ずつ月をかじるが、まとめてはき出してしまう。ときどき太陽も食べようとするが、熱すぎてかじることができない。

11. クットゥフとコジェイ カムチャツカ半島は、カラスの精霊のクットゥフが犬ゾリに乗っていたときに落とした1まいの羽からできた。犬のコジェイが身ぶるいして体についた雪を落とすと、地震が起きて山ができた。

12. カマリ ロシア東部のカムチャツカ半島の火山にすむ悪魔。人間がなわばりに近づくと、火山を爆発させ、大災害と死をもたらす。

13. アルマス 全身が長い毛でおおわれている巨人。人間を避けており、めったに目撃されない。シベリアでは、いつも彼らの吠える声がひびいている。

14. シュラーレ 森にすむ、いたずら好きなモンスター。毛むくじゃらで、頭にツノが1本はえている。木々にかくれて待ちぶせし、通行人をつかまえて、死ぬまでくすぐりつづける。ロシアのタタール人とバシキール人の民話で伝えられている。

15. アズライル アルメニアのおそろしい巨人。さすらいの使徒の機転によって退治された。若い使徒はアズライルの頭を切り落として、半分に切った。すると、その頭はもう1度切ってくれとたのんだが、使徒はことわった。なぜなら、アズライルは3度切られると復活するからだ。

16. グリフォン 頭と脚がワシ、体がライオンの、巨大な鳥。太陽の光をさえぎるくらい大きい。宝を守り、黄金を巣にしきつめている。多くの国で目撃されているが、我々はこの地域の金鉱で、グリフォンの話を聞いた。

17. ジェティ・オグズ 元はキルギスの7頭の巨大な牡牛。嫉妬に狂った王が王妃を殺したときに、石になった。王妃の血は王をおぼれさせ、7頭の牡牛を谷間にそびえる血のように赤い岩に変えた。

この地域のモンスターは人間を警戒し、邪魔をされると凶暴になる。どこを旅していても、我々は、霜にできた不吉な亀裂を発見した。それらは、いつも同じ、不気味な模様を描いていた。おそらく、なんらかの意味があるのだろう。

中国と中央アジア

このあたりの陸地は広大で、謎と危険がいっぱいだ。高い山々や、不毛の平原や、うっそうとした森で、我々はとてもおそろしい、さまざまなモンスターに遭遇した。今こうして書いていても、ふるえてしまうほどだ。

1. マンザシリ とてつもなく大きな、モンゴルの巨人。あまりに大きすぎて、マンザシリの体は大地に、目は太陽と月に、血は川になった。火山の噴火と地震は、マンザシリの内臓の熱のせいで起こる。

2. モンゴリアン・デス・ワーム モンゴルのゴビ砂漠にすみ、人間や動物を襲う。巨大なミミズのような姿で、相手を殺すほど強力な毒をはく。砂をほって、地下を移動する。

3. 贔屓 カメの甲羅をもつ、文学が好きな神獣。中国の寺には、贔屓の像がおかれていることが多く、さわると幸運にめぐまれると言われている。

4. 商羊 中国にいる、1本脚の巨大な鳥。「雨鳥」として知られる。1本脚でおどって嵐を起こすという伝説や、くちばしで川の水を吸い上げて、大地にまきちらすという言い伝えがある。

5. 殭屍 中国全土にいる、ピョンピョンとびはねて動く吸血ゾンビ。人間の生気を吸いとって殺す。夜にしか活動せず、昼間は日光を避けて、棺や洞窟にかくれている。

6. 孫悟空 中国の民話にでてくる猿の王。いたずら好きで神通力をもち、戦闘能力が高い。僧（三蔵法師）と水の妖怪（沙悟浄）と豚の妖怪（猪八戒）とともに、西方にお経を取りにいく旅をしたことで有名。

7. 相柳 9つの頭をもつおそろしい大蛇。体から毒を出し、湖や川をくさい沼地に変える。禹という英雄に殺されたが、そのときに流れた相柳の血は、あたり一帯の土地を汚染してしまった。

8. 獬豸 頭に1本のツノをもつ神獣。見た目はおそろしいが、とても正義感が強く、人間の真実とうそを見ぬく。悪者を罰し、争いの犯人をみつける力がある。

9. 形天 頭がなく、目と口が胸にある巨人。中国の伝説にでてくる黄帝を深くうらんでいる。

10. 年 山のなかにすむ、どう猛な怪物。春節（中国の正月）にあらわれる。

11. 九尾狐 中国にいるキツネの妖怪。知的でかしこいが、人間をだましたり、姿を変えたりする。1,000歳をこえると、白か銀色に変わり、尾が9本になる。

12. 応龍 ふつうの龍とはちがい、ウロコではなく毛におおわれ、羽のはえた翼をもつ。応龍は自分の尾を使って水路をほり、黄河の洪水を止めた、と言われている。

13. 龍王 4頭いて、それぞれが東西南北の海を支配している。人々は雨をふらせてほしいとき、龍王におそなえ物をする。

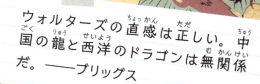

ウォルターズの直感は正しい。中国の龍と西洋のドラゴンは無関係だ。——ブリッグス

中国の龍

脚、ウロコ、かぎづめなどは似ているが、応龍や龍王などの中国の龍と、ヨーロッパの火をはくドラゴンは、ほとんど無関係だと結論せざるをえない。かしこく力強い中国の龍は、この地の人々から深く尊敬されている。中国には9頭の龍がおり、それぞれが宇宙のさまざまなものごとを支配している。

14. **麒麟** 馬のような姿で、炎のウロコにおおわれている。見た目はおそろしいが、やさしくおだやかで、草をいためないよう雲の上を歩き、木の葉しか食べない。偉大な英雄や、中国の名君の誕生を予告する。麒麟を見た者には幸運がおとずれる。

15. **海和尚（ハイフーシャン）** ジャンク船を海中に引きずりこみ、乗員全員をおぼれさせる。船乗りは、海和尚を見ると胆を燃やす。海和尚はそのにおいが苦手なのだ。だが、確実に撃退するためには、儀式的な銅鑼のリズムに合わせて、ふくざつなおどりをしなければならない。

16. **トッケビ** 韓国のいたずら好きな小鬼。姿を消して悪ふざけをする。旅人に韓国相撲をいどんだり、欲深い者からぬすんだ富を、貧しい者にあたえたりする。

17. **グルマパ** ネパールの凶暴な鬼。おそろしい巨大なキバがはえている。

18. **イエティ** 類人猿に似た、全身毛むくじゃらの怪物。山のなかにすみ、人間のように直立歩行する。ヒマラヤ山脈の高山に登り、岩に育つ塩からいコケを探して食べる。

モンスターたちからの不気味なメッセージが、夜になっても頭のなかで渦巻いて、どうにも眠れない。どうして彼らはわたしをほうっておいてくれないのだろう？

黄河を出発したときに、突然、川の上に竜巻が起こって、2隻のジャンク船を粉々にした。あとには、木切れがうかんでいるだけ……。それは不吉な記号を描いていた。

どうやら、怪物たちはおこっているようだ。

わたしはさまざまな古代言語を研究してきたが、この記号と似た文字は見たことがない。ああ、わたしはとんでもないことを書いている。もちろん、ありえない。モンスターがメッセージを残すだなんて。なぜなら、モンスターなど存在しないのだから！――ブリッグス

中国と中央アジアの怪物の伝説

形天と黄帝

黄帝は巨人の形天と神の座をかけて戦い、形天の頭を切り落とした。形天は手さぐりで頭を探すうちに、拳で山腹をたたき、大きな森を平らにした。黄帝は、転がっていた形天の頭を地面のわれ目に押しこんでうめたが、形天の体には目と鼻が出てきて、巨人はなおも戦いつづけた。

年（ニャン）

毎年最初の月の最初の日になると、年が村におりてきて、作物を食い荒らし、こどもたちを連れ去った。ある日、老人に化けた神様が、村人たちに年の秘密を教えた――年は大きな音と赤い色をこわがるのだ。そこで、人々は中国の正月である春節に、家を赤くぬり、鍋をたたき、爆竹を鳴らして、年を追い払うようになった。

グルマパ

あるとき、ケシャ・チャンドラというなまけ者のばくち打ちが、グルマパに大金をもってこさせた。その見返りとして、ケシャはグルマパに、村の悪いこどもたちをぜんぶ食べていいと言った。グルマパはこどもたちを食い、村人たちは激怒して、こどもたちを助けるために、グルマパとある約束を交わした。それ以来、村の人々は年に1度、グルマパをまつってごちそうをおそなえし、人間を食べられないくらい満腹にさせている。

日本

この国には、おそろしい生き物がたくさんいる。悪霊や怪物だけではない。家にある道具も、100年存在すると霊魂が宿るという。とにかく、いたるところに、妖怪という不思議な精霊がいる国なのだ。

1. アッコロカムイ 巨大なタコに似た海の怪物。全身が赤く、ひどい悪臭をはなち、漁師や漁船を海中に引きずりこむ。とぐろを巻く触手を切っても、またはえてくる。日本北部のアイヌ民族が、アッコロカムイの民話を伝えている。

2. ぬっぺっぽう まるっこくぶよぶよした姿で、町なかや人気のない場所をうろついている。危険ではないが、くさった魚のにおいがすることが多い。

3. 天井嘗 背の高い、やせた妖怪で、とても長いきたない舌で天井をなめる。家のすみにかくれていて、住人が出かけると、そのあいだに天井をなめて、黒いシミを残す。

4. ちょうちんおばけ 舌をだらりと出した、ひとつ目の、元気のいい妖怪。もともとは無害だが、怨霊がちょうちんおばけにとりついて、悪さをすることがある。

5. 龍神 日本の龍は、ヨーロッパのドラゴンに少し似ているが、基本的には中国の龍のようにやさしい。龍神は海の波の下にあるサンゴの宮殿にすみ、ふたつの魔法の玉を使って、海の潮の流れを支配している。

6. 九頭龍 日本ではめずらしい、頭が9個ある龍。かつては悪い龍で、若い娘のいけにえを要求していたが、ひとりの僧にいさめられ、村人たちの守り神になった。

7. 河童 川にいる妖怪。頭は猿のようで、背中には亀の甲羅がある。頭の上の皿に、怪力の源である水が入っている。通りかかった旅人に、相撲をとろうとせがむ。キュウリが大好物。

8. 鬼 怪力をもつ、おそろしい妖怪。肌の色はだいたい青か赤で、ツノとキバがある。疫病や災害をもたらすといわれるが、ほかの妖怪を追い払うために、寺の屋根などに鬼の姿をあしらうこともある。

9. 人面樹 人間の顔をした実をつける樹木。その実は話せるが、たいていは枝の先で笑っている。笑いすぎた実は地面に落ち、ひろわれて食べられたりもする。

10. 大ナマズ 地震を起こす巨大なナマズ。ふだんは鹿島神が要石で押さえつけているが、鹿島神が何かに気をとられると、そのすきに反抗し、尾ビレをふって大地や海をゆらす。

我々は長い時間をかけて、こんなに遠くまでやってきた。だが、例の不気味なメッセージは、まだわたしを追いかけてくる。日本の旅の記録をつづっていたときのことだ。突然、手のなかの羽ペンが命をふきこまれたかのように勝手に動きだして、こんな文字を書いた。

⊕𐎕 𐎚𐎛 𐎕𐎚𐎟
𐎛◯◯ 𐎕𐎚𐎛 𐎚𐎛𐎟𐎛𐎟
𐎕𐎚𐎟
⊕𐎛𐎟𐎟𐎚𐎟※

断じて、わたしが書いたものではない。羽ペンが書いたのだ。その羽ペンは、この船から消えてしまった。モンスターのしわざだ。妖怪のしわざだ。妖怪たちが……。

> ウォルターズは、妖怪たち（日本民話にでてくる精霊）が羽ペンをあやつったと信じている。わたしとしては、ウォルターズがこの段階で正気をうしないはじめたのだと、判断せざるをえない。──ブリッグス

河童に勝つ方法

深くお辞儀をするだけでいい。河童はとても礼儀正しいので、自分も返礼しなければと思い、深いお辞儀をしてくる。すると、頭のお皿のなかの魔法の水がこぼれて、河童は力をうしなう。

南アジアと東南アジア

我々は新たな驚異をもとめ、さらに温暖な気候の地域にやってきた。大きな川やしずかな湖が、高い山々や緑の丘をうつしている。どこに行っても、今まで知らなかったモンスターの話を聞くことができた。

1. プゴット フィリピンのモンスター。頭がなく、悪臭をはなち、人の住んでいない建物に出没する。人間を追い回し、発狂させることもあるが、ムカデとヘビしか食べない。

2. ブソ フィリピンの鬼。みにくく、縮れ毛で、口が大きく、2本のキバと、ひとつの目をもつ。墓地の木立にかくれ、死人の肉をむさぼる。

3. ポンティアナック おそろしい女の吸血幽霊。マレーシアとインドネシアのジャングルをうろつき、こどもの血を吸う。

4. ガージス マレーシアの巨大な虎。ジャングルのあらゆる生き物をえじきにしていたが、豆鹿のカンチルに退治された。カンチルは、空が落ちてくるから下じきにならないようにとガージスをだまして、穴に入らせた。すぐさま、ほかの動物たちが、その穴をふさいだ。

5. インドネシアのナーガ 蛇神。さまざまな姿が伝えられている。インドネシアとタイではドラゴンのような姿で、門や入り口や財宝を守っている。頭が7個あるナーガもいる。

6. ナギニ ナーガの女性形。腰から上は人間の女性で、腰から下がヘビ。たいへん美しく、すぐれた知恵をもつ。死の王子と結婚するナギニもいる。ナーガとナギニの神話は、南アジアと東南アジアの全域に伝わっている。

7. レヤック インドネシアのバリ島にいる、吸血鬼のような悪霊。昼間はふつうの人間の姿だが、夜になると変身能力をもたらす薬の材料となる、人間のはらわたを探しまわる。はらわたは、墓地の死体や眠っている人間からうばう。自分の頭をはずして、ひと晩じゅう飛ばしておくことができる。

8. バロン ぎょろりとした目で、だらりと舌を出し、長いキバがある。外見はおそろしいが、幸運をもたらす聖獣とされる。なぜならバロンは、こどもを食べる魔女ランダと戦いつづけているからだ。バリ島にすんでいる。

9. マカラ インドネシア、タイ、インドの神話に出てくる海の怪物で、さまざまな姿で伝えられている。象とカニが合わさった姿のほか、陸の生物と海の生物が2種類以上合体した姿が多い。

10. ティパカ 翼のある魔法の馬で、空を飛べる。非常に速く、乗り手が目的地を告げるやいなや、到着する。かつては、タイの偉大な王シソンの馬だった。シソンは魔法の剣をふるって敵をたおした。だが、その剣は、正しい神をよび出すのを忘れると、味方を殺してしまう。

11. チンシー ミャンマーの巨大な獅子。翼があることが多く、たいてい2頭1組であらわれる。どう猛で勇敢、忠誠心が強く、寺院を守っている。

12. インドのナーガ インドネシアとタイのナーガとちがい、インドのナーガは上半身が人間で、下半身がヘビである。水中あるいは地下の美しい宮殿にすんでいて、さまざまに色を変える。慈悲深いナーガも、邪悪なナーガもいる。

13. ラークシャサ インドのヒンドゥー教神話の鬼神。美しい女性から、ぞっとするような巨人まで、さまざまな姿で伝えられている。もっとも危険なのは夜で、とくに、暗闇の時間に力が増す。彼らの王である最強のラークシャサは、10の頭をもつラーヴァナ。ラーヴァナはシーター姫をさらった。

14. ヴェータラ 新たにとりつく死体をもとめて、インドの戦場をうろつく鬼神。殺したばかりの犠牲者の体内にすみつき、それがだめになると、次の死体にうつる。

有名なバロンとランダの戦いは、バリ舞踊のダンサーたちによって、今も伝えられている。おどりのなかで、バロンは、黒魔術から人間の戦士を守る魔法をかける。
——ブリッグス

ヒンドゥー教の神話には、じつにたくさんの風変わりなモンスターが登場する。大叙事詩『ラーマーヤナ』には、ラーマ王子が、かの有名な猿王ハヌマーンと彼の軍隊の助けを借りて、ラークシャサの王ラーヴァナをたおしたことが記されている。——ブリッグス

15. ピシャーチャ ヒンドゥー教の神話にでてくる鬼神。死体をもとめて、墓地にはびこる。病をもたらすほか、病人をおそって体内から食べる。

16. アパラーラ パキスタンのスワート川にすむ、おそろしいモンスター。かつては人間で、ガンジという名の呪術師だった。ガンジは魔法の力で竜を制したが、人々が彼に対する感謝を表さなくなったため、生まれ変わってもっとも邪悪な竜アパラーラになった。アパラーラは嵐や洪水を起こし、農作物をめちゃくちゃにした。やがて、ブッダがアパラーラを調伏し、洪水は12年に1度だけとなり、アパラーラはそのときに腹を満たすようになった。

17. ナリ・ラサ・ウェラ スリランカの摩訶不思議なツル植物で、20年に1度だけ、不思議な花を咲かせる。その花は美しい女性に似ていて、人間の祈りを邪魔する力がある。

この地域の不思議な生き物の研究をしていると、12か月がほんの数時間に思える。だがついに、これまで探検してきた地域と同様、ここでも不気味な存在を感じるようになってしまった。奇妙でおどけたふりつけのバロンのダンスを見たあとのことだ。わたしの目は、バロンが地面に残した足あとに引きつけられた。それらは土の上に、奇妙な記号を描いていたのだ。

この記号を描き写していると、突風がふいてランタンをたおした。ランタンのガラスがわれ、わたしの大切な地図に炎が燃えうつった。2番目に上等な外套をかぶせて消火したが、外套はだめになってしまった。

この奇妙な記号について調べつづけているうちに、だんだんと規則性がつかめてきた。けれども、現時点ではまだ説明できない。——ブリッグス

中東

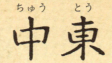

我々は旅をつづけ、東方の山々や砂漠の奥まで足を運んだ。この地域では、砂嵐の目や波のあわ、魔法のランプからも、モンスターがあらわれる。砂漠を旅する者たちは、比較的安全なキャラバンサライ（隊商宿）で夜をすごすことが多い。

1. ジン 炎と空気の魔神。人間が生まれる数千年前に、煙の出ない黒い炎から作られたと言われている。人間や動物の姿になったり、渦巻く煙の柱になったりする。邪悪なジンも善良なジンもいるが、彼らをおこらせた人間はひどい目にあわされる。中東各地の神話や民話で伝えられている。

2. ザラタン 巨大なウミガメで、こうらの上に山々や谷があり、たくさんの木がはえている。船乗りが島とかんちがいして上陸することもあるが、ザラタンが海中にもぐると、みんなおぼれてしまう。

3. ダンダン アラビア人船乗りに伝わる、おそろしい海の怪物。船と乗員をまるごとひと飲みにできるが、人間の肉を食べると死んでしまう。ダンダンの肝臓で作ったぬり薬をつけると、水中で呼吸ができるようになる。

4. マンティコア 体がライオンで頭が人間の、おそろしい人食い獣。尾の先に何本もの毒針が扇状にはえていて、獲物を刺したり撃ったりする。フルートとトランペットを同時にふいたような声で吠える。あちこちにいるが、元々はイランのモンスターで、「人食い」という意味のペルシャ語から名づけられた。

5. フマ ペルシャ語で「すばらしい鳥」という意味の名をもつ、イランの鳥。一生を空中ですごす。フマをつかまえることはできないが、フマの姿を見た者（ちらっと見ただけでもいい）には、富と幸せがおとずれる。いっぽう、フマを殺した者には、40日以内に死がおとずれる。

6. シームルグ 古代からイラン神話で伝えられる、かしこい鳥。イランのアルボルズ山脈にすんでいる。シームルグの羽にはさまざまな色が混じっており、傷や病を治す魔法の力がある。つがいの相手に対してしか鳴かない。生けどりにされると、死んでしまう。

7. ラマッス アッシリア（古代メソポタミアの王国）を守るかしこい精霊。体はライオンで、ワシの翼があり、頭部は利口な人間。大都市や宮殿の門にいて、混乱や悪との戦いにそなえている。

ラマッスの像は、古代メソポタミアのアッシリア帝国の都市、ニネヴェにある宮殿を守っていた。メソポタミア文明は、シリア、イラン、イラク、トルコを流れるチグリス川とユーフラテス川の周辺で、紀元前3000年から500年ごろに栄えた。おそらく、これらの像は、ウォルターズが地図上に記している"石になった"ラマッスなのだろう。ギルタブリルもクルルも、メソポタミア文明に伝わる生き物である。——ブリッグス

カラコンジョロスを退治する方法

もしもカラコンジョロスが家のなかに入ってきたら、絹の布に火をつけて、だませばいい。カラコンジョロスは返礼として自分の毛皮に火をつけるが、それにおそれをなして、あわてて外に逃げていくはずだ。

8. アスデーウ イランの火をはく白いドラゴン。凶暴な巨人デーウが、魔法によって巨大なヘビに変えられた、という説もある。ペルシャの英雄ロスタムに殺された。

9. ロック 最強の鳥。とにかく巨大で、かぎづめで象をつかんで岩にたたきつけて殺し、死体を巣にもち帰ってヒナに食べさせたりする。アラビア半島の上空を飛びまわっている。

10. 一角獣 さまざまな国で、さまざまな姿の一角獣が発見されている。そのほとんどは、優美でかしこく、頭に1本のツノがある。わたしはアラビアの砂漠で一角獣を見た。

11. 不死鳥 虹色の羽をもつ、たいへん美しく気品のある火の鳥。500歳になると、自らの炎で燃えつきるが、その灰からよみがえる。中東、アジア、ヨーロッパの各地に、不死鳥の伝説が残されている。

12. ギルタブリル 半分が人間で半分がサソリのおそろしい怪物。天までとどくほど背が高い。女神ティアマトの番人をつとめている。ギルタブリルにちらりと見られただけで、その相手は死んでしまう。

13. グール 凶暴なジン。砂漠や森や荒野で旅人をおそって食べる。グールは戦場や墓地にもあらわれて、葬られた死体をむさぼる。中東全域でおそれられている。

14. クルル 水の精霊の半魚人。家と家族を守ってくれると考えられている。古代メソポタミアのアッシリア人は、クルルの絵を家のなかにかくして魔よけにしていた。

15. カラコンジョロス みにくい怪物で、街角で通行人を待ちぶせして、なぞなぞを出す。正しく答えられなかった者は殺される。トルコのほか、ブルガリア、セルビア、ギリシャでも目撃されている。

16. リヴァイアサン グルグルととぐろを巻く巨大な海ヘビ。体長は1,400キロメートル以上。ドラゴンを食べることもある。

17. スフィンクス さまざまな姿であらわれる。多くはライオンの体をもつが、地域によっては、頭が人間だったり、牡羊やタカだったりし、ファラオの場合もある。また、翼のあるスフィンクスもいる。古代エジプト人は、たくさんのスフィンクス像を作った。

不毛の砂漠をこえるとちゅう、遠くから獣の吠える声が聞こえ、我々はおそれおののいた。ふり返って、最後にもう1度、眼下に広がる砂漠を見てがく然とした。砂の上に、このような、奇妙で不吉な記号が描かれていたのだ。

漁師とジンの物語

バザールには、ジンがとじこめられていた魔法の壺の物語が伝わっている。あるとき、貧しい漁師の網にその壺がかかった。漁師はジンを解放してしまい、ジンは漁師を殺そうとした。だが、漁師はジンをうまくだまして、ふたたび壺にとじこめた。するとジンは、自分を自由にしてくれたら、漁師を金持ちにしてやると約束した。

壺から出してもらったジンは、漁師を魔法の湖に連れていった。漁師は、4匹の魚をつかまえた。どれもたいへん美しかったので、漁師は王様に献上した。王様は料理人に、その魚を調理するように命じた。ところが、もうすぐ焼きあがるというときに、毎回、奇妙なことが起こった。壁のなかから人が出てきて、魚と話をしたあとに燃やして灰にしてしまうのだ。不思議に思った王様は湖に行き、悪い魔女によって下半身を石に変えられてしまった王子をみつけた。王様は王子を助け、魔女への復讐に協力し、ふたりはともだちになった。そして、漁師は王様からたくさんのほうびをもらった。

気づけばわたしは、ウォルターズのばかげた記録に真実がふくまれているのではないかと思いはじめている。きっと、徹夜のしすぎのせいだ！——ブリッグス

ウォルターズがここに記した「漁師とジンの物語」は、『アラビアン・ナイト』にでてくる。この有名な物語集は、9世紀から13世紀にかけて、アラビア語で書かれた。だが実際は、中東とアジア各地の、さまざまな文化に伝わる物語がおさめられている。——ブリッグス

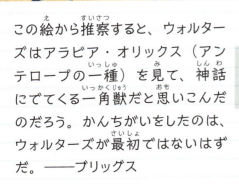

この絵から推察すると、ウォルターズはアラビア・オリックス（アンテロープの一種）を見て、神話にでてくる一角獣だと思いこんだのだろう。かんちがいをしたのは、ウォルターズが最初ではないはずだ。——ブリッグス

アフリカ

我々は旅をつづけ、ラクダの隊列に加わって、サハラ砂漠を渡った。アフリカで発見したモンスターたちは、奇妙で魅力的だ。非常に危険なものも、比較的温和なものもいる。

1. アメミット 頭部がワニ、上半身がライオン、下半身がカバの、女性の幻獣。「魂を食う者」あるいは「むさぼる者」として、古代エジプト人からおそれられていた。死者の心臓は１まいの羽とはかりにかけられ、価値がないと判断されると、アメミットに食べられる。心臓を食べられた者の魂は永遠にさまよう。

2. アバダ 一角獣に似ているが、曲がったツノが２本はえている。北東アフリカで目撃されることが多い。

3. アンフィスバエナ 砂漠にすむ双頭のヘビ。ワシの脚とかぎづめ、毒を出すキバをもつ。砂丘で卵からかえり、体を半分に切られても、くっついてもとにもどる。リビアにいると言われている。わたしは、アンフィスバエナの皮を乾燥させると、かぜ薬になると読んだことがある。

4. ブレムミュアエ人 頭がなく、胸に顔がある。リビアの地図にはブレムミュアエ人がたくさん描かれていたが、本物は１度も見ることができなかった。

5. ラミア リビアの女王だったが、しっと深い女神によって、こどもを食べるおそろしい怪物にされた。頭と上半身は人間の女性だが、ヘビのような尾をもつ。夜になると目をはずし、自分が眠っているあいだに見張りをさせる。

6. アイシャ・カンディシャ 川にいる女の悪霊。美しい女性の姿であらわれる。アイシャ・カンディシャに誘惑された男たちは、その脚がラクダかヤギなのに気づかない。モロッコの民話にでてくる。

7. ヤンボー いたずら好きだが悪意はない精霊で、村人から食べ物や飲み物をぬすんだりする。ひとつの家庭と強く結びつき、家族のだれかが死ぬと、ヤンボーが悲しんで泣く声がきこえる。セネガルのゴレ島にいる。

8. アナンシ かしこくていたずら好きのクモ。世界中の物語の王で、クモの巣のように物語をつむいで、みんなを楽しませる。アナンシの話はガーナで最初に伝えられ、その名声は西アフリカ全土に広がった。

9. ジェングー カメルーンの美しい水の精。豊かな髪をもち、下半身は魚。彼女たちをうやまう者には幸運やいい天気をもたらし、病気から守る。神々と人間をつなぐ、使者としての役割もある。

10. エメラ・ントゥカ 沼地にすむモンスター。エメラ・ントゥカとは、コンゴのリンガラ語で「ゾウ殺し」の意味。ワニのような尾があり、強力なツノが１本はえている。

11. エロコ こびとのような生き物で、するどいかぎづめと歯がある。全身に葉っぱをまとい、くさった野菜のにおいがする。熱帯雨林のなかを鈴を鳴らしてまわり、獲物を眠らせる。眠ってしまった者は、朝には骨になっている。

12. コリ・アスマリス ソマリアの邪悪な魔術師。夜になると、魔法の棒で体をこすり、ハイエナに変身する。夜明けには、同じ方法で人間の姿にもどる。

13. ニャミニャミ ジンバブエのザンベジ川にすむ蛇神。頭部が魚で、首から下がヘビ。ダムができたせいで妻とはなればなれになったため、ときどき怒りを爆発させる。

14. トコロシェ 南アフリカのこびとのゾンビ。さまざまな姿であらわれるが、たいていは毛むくじゃらで、とてもくさく、目がギラギラしている。眠っている人間のつま先を食いちぎる。魔法の小石を使って姿を消しているが、こどもにははっきりと見える。

15. ヤ＝テ＝ベオ マダガスカルのおそろしい食人木。よくしげったぶ厚い葉と、たれ下がった長いツルが特徴。すばやく獲物をつかみ、血を飲む。

16. グローツラング 南アフリカ北東部のどこかにあると言われる「底なしの洞窟」にすむ、巨大な怪物。象のような姿で、ヘビの尾をもつ。大量のダイヤモンドを守っていて、ぬすもうとする者をむさぼり食う。

17. インプンドゥル 羽ばたきで嵐を起こすので「稲妻鳥」ともよばれ、おそれられている。主食は血で、相手に痛みをあたえて楽しむ。たった１羽のインプンドゥルが、ひと晩で家畜の群れを全滅させると言われている。病気を広め、人間を殺す。南アフリカのズールー族とコサ族の民話にでてくる。

ウォルターズは古代ローマの学者・大プリニウスが記した『博物誌』で、ラミアやブレムミュアエ人やアンフィスバエナのことを読んだのだろう。大プリニウスはほとんど旅をせず、遠い異国の生き物については、人々の説明を元に書いた。なかには、明らかな作り話もふくまれている。——ブリッグス

人々が世界中を旅すると、彼らのモンスターもいっしょに移動する。たとえば、アナンシの話はカリブ海の島々や、北アメリカと南アメリカにまで伝わっている。
——ブリッグス

18. アバトゥワ 南アフリカのズールー族の神話にでてくる生き物。とても小さな人間の姿で、アリを育てて乗る。温和だが、まちがって踏んでしまうと、その足にするどい針を刺す。

19. インカニヤンバ 南アフリカの大蛇のようなモンスター。渦や竜巻を起こす。水中のすみかから出て体をのばすととんでもない大きさになり、巣にもどってとぐろを巻くと小さくちぢむ。そのせいで、危険な竜巻が起こるのだ。

船大工のロジャースをヤ＝テ＝ベオに食われてしまい、悲しみのなかにいた我々は、よろこんでこの大陸を出発した。とはいえ、目の前の広大な海は、我々の心を不安でいっぱいにする。地元の漁師たちからは、引き返せと忠告された。だが、我が乗組員の決意は固い。港を出ると、ドラゴン号の前に魚の大群があらわれて、奇妙な記号を描いた。

アナンシの脚が
細く長くなったわけ

クモのアナンシはくいしんぼうだが、とてもなまけ者だった。ある日、ともだちのウサギが料理をしていて、アナンシにあとでごちそうすると言った。アナンシは手伝いたくなかったので、糸をはいて自分の脚に結びつけ、もう一方のはしをウサギに渡して、食事のしたくができたら引っぱってくれとたのんだ。

アナンシがほかの動物たちの家に行くと、みなそれぞれ、ごちそうすると言ってくれた。よくばりなアナンシは、8本の脚に1本ずつ糸を結びつけた。

料理ができあがると、動物たちは糸を引っぱった。しかも、同時に！ あわれなアナンシは、8方から引っぱられた。川に飛びこんで糸をとかしたものの、アナンシの脚はすっかりのびてしまった。そんなわけで、クモの脚は今でも細くて長いのだ。

魚が群れて泳ぐのは、あたりまえのことだ。なのになぜ、わたしは、ウォルターズが見たままの事実を伝えていると信じはじめているのだろう？ それはたぶん、きのうわたしに起きたことのせいだろう。ペンケースを落としたら、中に入っていたペンが奇妙なかたちに散らばったのだ。ウォルターズが描き写した記号とそっくりで……ここに描く気には、とてもなれない！——ブリッグス

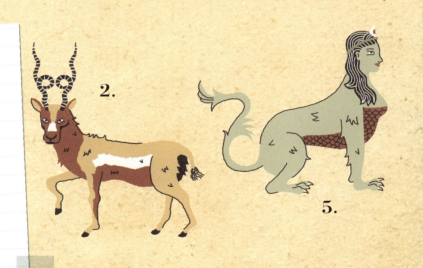

45

北アメリカ

ハーカペイニッツィはカリフォルニア州の先住民族の民話にでてくる。カワイイス族は「ハーカペイニッツィ」とよび、チェマウェヴィ族は「アアタカピッツィ」とよんでいる。
　　　　　　　　——ブリッグス

この地域の探検には、何週間もかかった。しかも、ロジャースをうしなったあとだったので、乗組員はみな不安がっていた。北アメリカ大陸には、あらゆる風景がある。広大な雪原、緑豊かな草原、高くそびえる山々、うっそうとした森、深い湖、砂漠……それぞれの場所に、奇妙な生き物がすんでいる。

1. レガロウ カリブの邪悪な魔術師。動物や木やさまざまな物体に変身するため、気づきにくい。眠っている人間の足の指のあいだから血を吸うレガロウもいる。

2. ゾンビ ハイチの言い伝えによく出てくる、よみがえった死体。この地域を歩きまわっているゾンビの多くは、彼らを生き返らせた魔術師の奴隷だと言われている。

3. ラ・セグア ニカラグアの森にいる、おそろしい魔女。美しい女性の姿であらわれるが、そのあと、自ら皮をはいで馬になる。そのささやき声を聞いただけで、人間は気が狂ってしまう。

4. マヤの宇宙ワニ 天空をささえている。メソアメリカ（メキシコ南部からエルサルバドルにかけての地域）のマヤ文明の王の力の象徴。頭がふたつあり、片方は鹿の耳がついたワニの頭で、もう片方は逆さまにぶらさがっている。

5. チュパカブラ メキシコにすむ、は虫類のような怪物。熊ほどの大きさで、背中にはするどいトゲが1列にならんでいる。吸血鬼のように山羊の血を吸う。チュパカブラは「山羊の血を吸う者」という意味のスペイン語から名づけられた。

6. アウィソトル アステカ文明の伝説にでてくる、スペインの水中にすむ怪物。尾の先が人間の手になっていて、獲物を水中に引きずりこみ、目玉と歯とつめを食べる。

7. ハーカペイニッツィ アメリカのカリフォルニアにいる巨大なバッタ。脚にはするどいトゲがあり、背中にカゴをしょっている。こどもをさらってカゴに入れ、もち帰って食べる。

8. プラットアイ きちんと埋葬されなかった死者の霊。アメリカのジョージアとサウス・カロライナで、よく知られている。

9. ジャッカロープ 鹿のような枝ツノをもつツノウサギ。「戦士ウサギ」とよぶ人もいる。枝ツノを使って戦い、目にもとまらぬ速さで動く。アメリカ西部にいる。

10. サスクワッチ 全身毛むくじゃらの巨大な野人。2足歩行し、大きな足あとを残す。背の高い人間ふたり分より大きくなる。太平洋北西部とアラスカのあいだで目撃されている。

11. ピアサ おそろしい怪鳥。人間の頭とひげ、鹿のツノ、ワシの翼、魚の尾をもち、ウロコにおおわれている。

12. ジャージー・デビル アメリカのニュージャージーにいるモンスター。胴体は人間だが、コウモリの翼、ヘビの尾、山羊のような毛のはえた脚、ウマの頭をもち、かぎづめがある。

ミシシッピ川のほとりにあるイリノイ州オールトン市には、ピアサを描いた壁画がある。ピアサとは、イリノイの先住民族の言葉で「人食い」の意味だ。——ブリッグス

13. スクォンク 世界中で一番みにくくて、かわいそうなモンスター。シワだらけの肌で、イボにおおわれている。森にかくれているが、みつけるのはかんたんだ。耳をすませば、自分のみにくさをなげいて大声で泣いているのが聞こえる。つかまえると、とけて、なみだの水たまりになってしまう。ペンシルバニアで目撃されることが多い。

14. ミシピシュ 北アメリカの五大湖周辺にいる怪物。ミシピシュとは、「巨大なオオヤマネコ」の意味だ。猫のような顔で、ウロコがある。ツノから銅がとれるが、ミシピシュの許可をもらわなくてはいけない。

15. ストーン・ジャイアント 別名、「石のコート」。アメリカ先住民のイロコイ族の伝説にでてくる古代の巨人族で、岩の服を着ている。人間にとって危険な存在だが、岩のよろいのせいで、走ったり上を見たりすることができない。

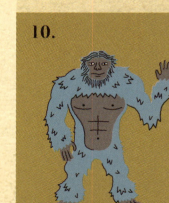

16. アウヴェコエヤク グリーンランドの人魚。上半身が人間で、下半身は魚だがウロコではなく毛皮につつまれており、寒さから身を守っている。

17. アーキグドリット 上半身は人間で下半身が犬の吸血モンスター。グリーンランドとカナダのイヌイット族の伝説にでてくる。カナダではアドレットとよばれている。

18. ミキアユック カナダのハドソン湾周辺に住むイヌイット族の民話にでてくる、全身毛むくじゃらのモンスター。氷の下にひそみ、人間が水中にバケツをおろすと、ロープをからませて何も取れなくさせる。

19. ヌラユイニック カナダのハドソン湾の近くで、大きなんきのときに生まれた女の赤ん坊だった。となり村の人々が食べ物をもって行くと、ヌラユイニックは巨大に成長して、自分の村の人々を食べつくしていた。助けに来てくれたとなり村の人々まで食べようと追いかけたが、つかれて休み、石になった。

20. アマロック 巨大なオオカミ。獲物の首を食いちぎる。アラスカとカナダに住むイヌイット族の民話にでてくる。

21. クシュタカ カワウソ人間。獲物の魂をぬすんで、クシュタカに変える。アラスカとカナダに住む先住民族のトリンギット族やチムシアン族の民話にでてくる。

ウォルターズがここに記したいくつかの怪物について、わたしはとても困惑している。なぜなら、それらが最初に目撃されたのは、ウォルターズよりもっと後の時代のはずからだ。たとえば、スクォンクが報告されるようになったのは19世紀後半からだ。また、ジャッカロープの最初の目撃情報はわりと最近の1939年らしい。この文書は作り話なのだろうか？ それとも、コーネリアス・ウォルターズは本当に、これらのおどろくべき生き物を最初に目撃した人間なのだろうか？ もはやわたしには、この地図がにせ物だとは思えない。だとすると、とんでもない結論がみちびきだされる……ウォルターズは真実を記しているのでは？──ブリッグス

22. ハイエトリック 体は長いワニで、頭は馬。漁師が幸運にもハイエトリックの皮を手に入れ、船においておくと、クジラがとれると言われている。先住民族のヌートカ族の民話にでてくる。

23. タイヅアラック イヌイット族の民話にでてくる、大蛇のような海のモンスター。尾は魚で、おそろしいかぎづめがあり、すばやく漁師をつかみとる。

ヨブ・メリーウェザーが人魚のアウヴェコエヤクと結婚するためにグリーンランドに残ったおかげで、ますます乗組員が足りなくなってしまった。別れのとき、ヨブの新妻はわたしにお守りをプレゼントしてくれた。それにほどこされていた奇妙な彫刻を、ここに写しておく。

お守りはもうないが、この記号はこれまでのメッセージと同じ文字のように見える。そこでわたしは、グリーンランドの研究者に翻訳を依頼した。ところが、こんな文字は見たことがない、という返事が来た。いったい、これはなんなのだろう！？──ブリッグス

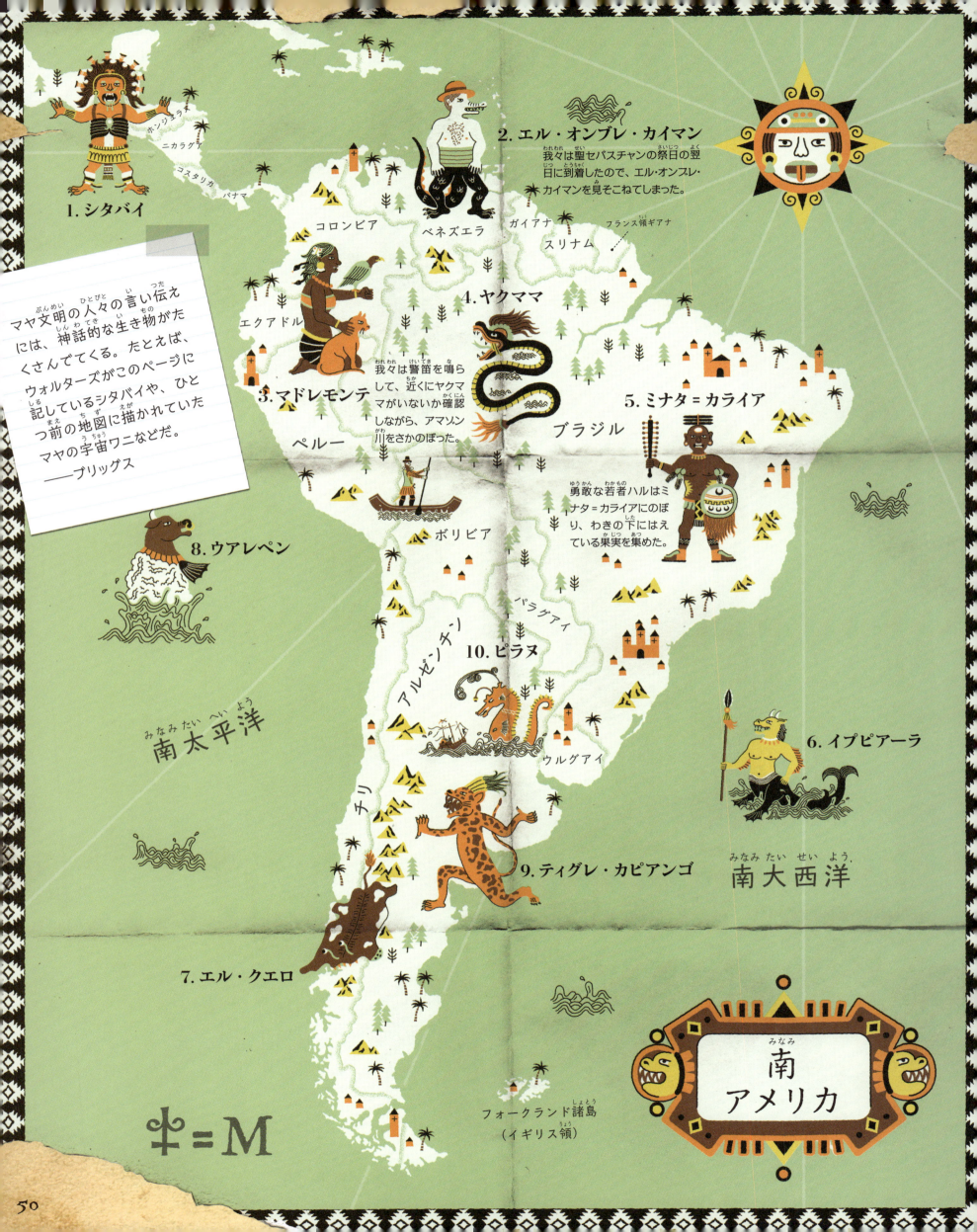

南アメリカ

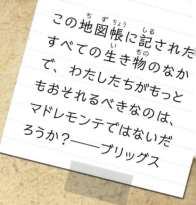

南アメリカのうっそうとした熱帯雨林を必死の思いで進むうちに、我々は、とても小さい毒ガエルから、とんでもなくおそろしい怪物まで、さまざまな生き物と出会った。それらをここに記しておく。我々はさらに南へ進み、長くけわしい山脈をこえた。この大陸にすむ怪物は、我々がこれまでに見てきたものとくらべても、かなり奇妙なものが多かった。

1. シタバイ メソアメリカに栄えたマヤ文明の神話によくでてくる悪霊。洞窟にすみ、人間の姿に変身することができる。

2. エル・オンブレ・カイマン 人間とワニが合体した姿。アリゲーター・マンともよばれる。かつてはコロンビアの漁師だったが、だまされて、人間の姿をうしなった。年に1度、聖セバスチャンの祭日にあらわれて、獲物となる人間を探す。

3. マドレモンテ コロンビアの母なる山の精霊。自分の土地と生き物を断固として守る。コケと葉をまとい、目は炎、するどいキバをもち、自然をよごす者に対して怒りを爆発させる。

4. ヤクママ アマゾン川の主の大蛇。目は不気味に光り、体表はさまざまな色が混ざっている。巨大な口で、人間や船をまるごと吸いこむ。「スペイランチャ」とよばれる幽霊船に姿を変えることがある。

5. ミナタ゠カライア ブラジルの熱帯雨林をのっしのっしと歩きまわる、ジャングルの樹々と同じくらい背の高い巨人。ミナタ゠カライアの男たちの頭には奇妙な穴があいていて、彼らが動くと、笛のような音がする。わきの下から、ココナッツなどのおいしい果実がはえてくるので、頭でわって食べる。

6. イプピアーラ 頭がアザラシ、上半身が人間、下半身が魚。ブラジル周辺の海をうろついて、人間を自分たちの巣に連れこむ。

7. エル・クエロ 生き血を吸う、巨大なウシの皮。チリを流れる川のあちこちにうかんでいる。犠牲者はエル・クエロにおそわれる直前まで、つき出した目がこちらを見ていることに気づかない。通りかかった人間を目にもとまらぬ速さでつつみこみ、骨だけを残して吸いつくす。エル・クエロが川べりで日なたぼっこをしていると、動物の皮を陽に当ててかわかしているように見えるので、だれも危険に気づかない。

8. ウアレペン 頭が子ウシ、体がヒツジで、手足がヒレのような、おそろしい怪物。チリの奥地の沼や川にすんでいる。

9. ティグレ・カピアンゴ ヨーロッパのオオカミ人間とどこか似ているが、こちらはジャガーの姿だ。魔術師が大きな猫の毛皮をかぶり、呪文をとなえて、ティグレ・カピアンゴに変身する。アルゼンチン中央部をうろついている。

10. ピラヌ アルゼンチン中央部の川にひそむ怪魚。頭が馬で、目が飛びだしている。船に体当たりして、乗組員をおぼれさせる。

我々は、凶暴きわまりないティグレ・カピアンゴからのがれるため、剣と大鎌でジャングルを切り開きながら進んだ。なんとか逃げきったが、熱帯雨林が我々をとりかこみ、のびてきたツルがもつれてからまり、不吉な記号を描いた。わたしは今や、この記号に恐怖を感じている。

この地図帳に記されたすべての生き物のなかで、わたしたちがもっともおそれるべきなのは、マドレモンテではないだろうか？──ブリッグス

この文字を解読しようとしているが、今のところ成功していない。わたしもきのう、メッセージを受けとった。ティーカップの底で、紅茶の葉がこれと似たような文字を描いていた。わたしには、もうわかっている。ウォルターズは真実を伝えているのだ。──ブリッグス

オーストラリアと ニュージーランド

10. ジャイアント・ディンゴ
11. モージュウィンク
12. フープ・スネーク
13. ナモロド
14. ヤラ=マ=ヤー=フー
15. バニップ
16. ニンゲン

わたしは、このおそろしいヘビに追いかけられたたときには、すばやく方向転換しろと言われた。すると、フープ・スネークは横を通りすぎていき、わたしはなんとか逃げきった。

こどものバニップがつかまると、母バニップは洪水を起こして、我が子を取り返そうとする。

1960年代に、南極海でニンゲンの目撃情報があったときには、作り話だと言う人たちもいた。けれども、ウォルターズの記録は、それより4世紀も前のものだ。つまり、ニンゲンは作り話ではなかった、ということなのだろうか？——ブリッグス

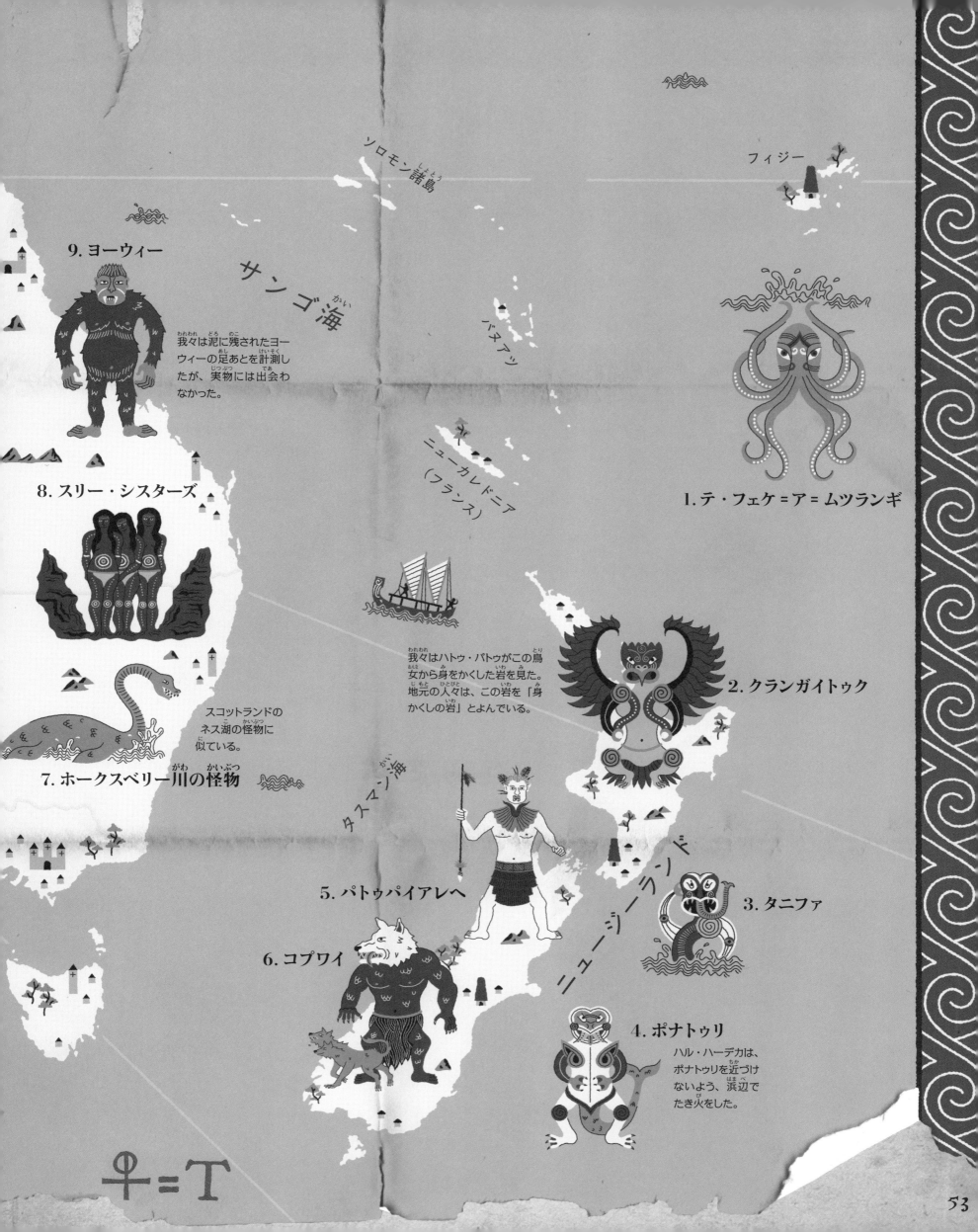

2.

ハトゥ・パトゥの伝説

ニュージーランドの北島にすむ鳥女のクランガイトゥクは、小さな動物たちをペットにしていた。あるとき、クランガイトゥクはハトゥ・パトゥという少年をさらってとじこめた。ハトゥ・パトゥは、クランガイトゥクが狩りにいったすきに逃げだした。けれども、ペットの小鳥のリロリロがクランガイトゥクのところに飛んでいって言いつけた。クランガイトゥクはハトゥ・パトゥを追いかけ、たくさんの間欠泉が噴きだすファカレワレワを飛びぬけようとしたが、煮えたぎる温泉に突っこみ、ゆであがって死んだ。

オーストラリアとニュージーランド

イギリスから出発した我々は、ついに地球の反対側にやってきた。ヨーロッパからここまで航海した者は、いまだかつていなかったはずだ。我々は伝説のメガラニカ（未知の南方大陸）を探したがみつからず、そのかわりに、人間が住む、これまで見たこともないような大陸や島々を発見した。大陸には、赤い巨岩や、青くかすむ山々や、灼熱の砂漠があり、海にうかぶ島々には、熱湯がふき出す不思議な穴や、雪をかぶった山々や、うっそうとした森がある。

西洋の探検家がこのあたりにまで航海する以前は、地図製作者は自分たちが知らない世界中のさまざまな地域をでっちあげていた。メガラニカ（未知の南方大陸）という、南半球にある巨大な大陸が、地球のバランスをとっていると考えられていたのだ。ウォルターズがここまで到達したとは、とても信じがたい。本当なら、当時としてはとんでもない偉業だ。けれどもわたしは、ウォルターズの記録は真実だと確信している。——ブリッグス

クランガイトゥクも、ウォルターズがニュージーランドで記録したほかの怪物たちと同様に、先住民族のマオリ族の言い伝えにでてくる。——ブリッグス

1. テ・フェケ＝ア＝ムツランギ ハワイキ（神話にでてくるポリネシア人のふるさと）の探検家で英雄のクペは、村人の釣り糸から魚をぬすむテ・フェケ＝ア＝ムツランギとそのこどもたちを追って海を渡り、やがて、アオテアロア（ニュージーランド）を発見した。

2. クランガイトゥク 頭が人間の女で、翼と鳥のかぎづめをもつ鬼。

3. タニファ ニュージーランドのマオリ族の神話によくでてくる。トカゲのような体で、尾にはトゲがある。タニファは強力なキバで人間をむさぼり食うが、まれに友好的なものもいる。たとえば、トゥヒランギという名前のタニファは、有名な探検家クペの旅の案内をした。ほかにも、ンガケというタニファは、海に逃げようとして陸地をけずりとり、北島のはしに大きな港（ウェリントン港。マオリ語ではテ・ワンガヌイ＝ア＝タラ）を作った。ンガケの兄弟のファタイタイは、ンガケをおいかけようとしたが、浅瀬にはまり、やがて石になった。

4. ポナトゥリ ニュージーランド周辺の海にすむ霊。髪は赤く、強力なかぎづめがあり、緑がかった白い肌は暗闇で光る。太陽の強い光をおそれて、夜のあいだにしか陸にあがってこない。

3.

5. パトゥパイアレヘ 森にすむ妖精。金髪か赤毛のことが多く、ニュージーランド全土にいる。たそがれどきは、パトゥパイアレヘに用心しなければならない。彼らをおこらせた人間はさそいだされて、とらわれてしまう。人間を助けてくれることもあるが、かしこい旅人はパトゥパイアレヘを追い払う呪文を知っている。

5.

1.

6. **コプワイ** おそろしい巨人で、頭がふたつある猟犬の群れをつれている。カイアミオという名前の女性を奴隷にしていたが、彼女の村の戦士に殺されて石になった。この巨大な石の山はニュージーランドの南島にあり、「オールドマンズ・ロック」ともよばれている。

7. **ホークスベリー川の怪物** オーストラリアのニュー・サウス・ウェールズを流れるホークスベリー川のカーブにひそむ怪物。ヘビのような長い首と尾ヒレがあり、ウロコにおおわれている。

8. **スリー・シスターズ** オーストラリアのブルー・マウンテンズにある、3つならんだ巨岩。かつては若い3姉妹だったが、悪霊のバニップから守るために岩に変えられ、そのままになってしまった。

9. **ヨーウィー** オーストラリアにいる猿に似た生き物。野人だという説もある。めったに目撃されないが、ときどき巨大な足あとがみつかる。

10. **ジャイアント・ディンゴ** オーストラリアのヨーク岬半島の先住民族アボリジニの民話にでてくる、巨大な人食いモンスター。おそろしいフープ・スネークとともに、この地域をおびやかしていた。ふたりの勇敢な鳥人、ロビンとワグテイルが火をつけて殺した。

11. **モージウィンク** 半魚人。南オーストラリア州のマレー川にすみ、流れ藻の大きなかたまりにひそんでいる。

12. **フープ・スネーク** 毒ヘビ。自分の尾をくわえて、車輪のようにころがって獲物を追いかける。フープ・スネークは、オーストラリアだけでなく、アメリカなど、世界中のヘビのいる地域の民話にでてくる。

13. **ナモロド** オーストラリアのノーザン・テリトリーの西アーネム・ランドにいる怪物。くさった肉と骨でできていて、血まみれの腱でつながっている。昼は眠り、夜になると獲物の血を吸う。

14. **ヤラ＝マ＝ヤー＝フー** 人間を丸のみできるほど大きな口をもつ。イチジクの木にかくれて人間にとびかかり、手と足の吸盤で血を吸いとり、体を飲みこんでから眠る。目をさますと、食べた人間をはき出す。はき出された者の姿は小さくて赤く、やがて、ヤラ＝マ＝ヤー＝フーに生まれ変わる。

15. **バニップ** にくむべき人食いモンスター。オーストラリア全土の沼や水路にひそんでいる。羽や毛におおわれていたり、水かきや馬のひづめがあったり、頭がエミューだったり、セイウチのようなするどいキバがあったり……と、さまざまな姿であらわれる。洪水や干ばつを起こして人々をおびやかし、人間を奴隷にして最後には食べてしまう。

16. **ニンゲン** オーストラリアとニュージーランドのはるか南方の、南極大陸の近くにいる。ぶくぶくと太った巨大なモンスターで、ゆらゆら動く白い姿は人間に似ている。目のかわりのふたつの穴と、口のかわりのわれ目があるだけで、ほかにはなにもない。

我々は、得体の知れない何かにとりつかれている。この地域の大地はあまりにも広大で、我々は心の底から恐怖を感じた。とはいえ、目の前に広がる果てしない海は、少しばかりの安心をあたえてくれる。
だが、新たな土地を目指して港を出たとたんに、山々の斜面に――人間にはとても手のとどかない高さだ――あの記号が描かれた。

スリー・シスターズの伝説

ミーニィ、ウィムラー、ガナドゥの3姉妹は、腹をへらしたバニップに追いかけられた。3姉妹の父親のタイアワンは、魔法の骨を使い、娘たちを巨大な岩に変えてかくした。すると、バニップは3姉妹のかわりにタイアワンを追いかけた。そこで、タイアワンは自分をコトドリに変えたが、うっかりして魔法の骨を落としてしまった。

それ以来、タイアワンはコトドリになったまま、娘たちを人間にもどすべく、魔法の骨を探しつづけている。

岩になった3姉妹は、今も、オーストラリア南東部のブルー・マウンテンズにいる。

だいぶわかってきた。もうすぐ、この記号を解読できそうだ。けれども、まだ、何かが足りない。彼らは、わたしにもメッセージを送ってきている。――ブリッグス

オーストラリアのアボリジニの人々は、「ドリームタイム」とよばれるいにしえの時代から、すべての生き物はありとあらゆることとつながっていると考えている。偉大な祖先がいたドリーミング・ワールドの神話は、今もなお語り継がれている。

ジャイアント・ディンゴやロビンとワグテイルは、すべて「ドリームタイム」の生き物だ。バニップも、ヤラ＝マ＝ヤー＝フーも、ナモロドも、アボリジニの伝説にでてくる。――ブリッグス

太平洋諸島

この地域の島々の青い空と黄金の砂浜は、ぼうと幻想的にいっしょにした。わたしの目は、もっと内陸の、高くそびえる山々や火山にひきつけられた。だが、陸地にも海にも、これまでに出会ったことがないほど凶暴な怪物がいた。しかも、これはとりわけ海にしか感じたことがない。我々をとりまく島を遠く感じたことがない。

1. ローペン コウモリの翼、空飛ぶ魚の尾。とがって長い歯をもち、ちぎれたい端に分かれた尾をもつ。ばうだいとうがなければしばらく暗いくらがり、ここに葬儀ニューギニアのワンポイ島でマスマ島にしちょうど人間の大好物だ。

2. アダロ ソロモン諸島周辺にいる、邪悪な半魚人。サメのようなヒレをもち、メカジキのようなヤリをもち、足はたい、はは尾になっている。トビウオをあやつり、人間をおそう。

3. ツイ・デライ・ガウ フィジーのガウ島にいる、友好的な巨人。頭と手を取りはずすことができる。すると、手は自由に動きまわり、頭をあげて遠くを見たりする。

4. タマンゴリ クック諸島のマンガイア島の人食い巨人。ふたりの兄弟が退治した。タマンゴリは着物もつけずに、なかなかすみつからなかった。そこで兄弟は、タマンゴリの大好物のネズミを

焼いた。やがて、においにさそられてタマンゴリが姿をあらわし、ネズミを食った。兄弟は、眠りこんだタマンゴリを殺した。

6. デ・トゥナ ウナギの怪物。フランス領ポリネシアのタヒチ島の娘、ヒナと恋におちた。ある日大洪水が来ておそれ、デ・トゥナはヒナに、自分の頭を切り落として、うめるように言った。その場所からは、最初のココヤシの木が生えてきた。

7. トゥムライ＝フェエ タヒチ島にいる巨大なタコ。その八つの触手で、地球をしっかりとつかんでいる。戦いの神ルアが切るとはずはない事だが、今日も、サモアの地震は昔はひどくない。

8. マフイエ 地震の神。英雄ティイティイは、マフイエのひと片方のあごをとってしまった。もう片方は炎の秘密とひきかえに残しておやった。今では、マフイのあごはとびどくない。かなくないので、サモアの地震は昔はひどくない。

9. ナナヌエ ハワイの女性とサメの王様の息子。肉をあたえられて育ったため、人間の肉の大好物になった。

10. カマプアア ふだんは人間の姿の豚の神。ある時、ハワイの山々を押しあげて、ひづめでつくった巨大な湖をほった。ププアは、低地にむかったら、ブアアは、低地にむかったら、山から火山の炎をふきかけた。

11. メジェンクワアド マーシャル諸島のアイロック島にいる、女の姿の悪魔。出産直後の女性をとりかえされると、メジェンクワアドになってしまう。

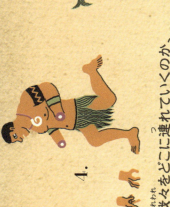

この航海が次にわたしをどこに連れていくのかわたしには見当もつかない。世界の果てでの光に何があるのか、だれにもわからないのだから。怪物たちは悪夢となって安眠をまたげ、わたしを憂鬱にさせる。あれからまだ2時間もたっていないのに……今日も憂鬱で遠くの島を見ていたときに、1列にならんだヤシの木の葉をあしらって、不吉な記号を描いたのだ。

⊕ᛏ⊕↑⊕ᛏ ᛏ↓ᛏ⊕↑
ᛏᛗ ↑ᛏ⊕↑↓ ⊕↑
ᛏ◯ ⊕↑↓↑ᛏ↑

おそらくわたしは、故郷のイギリスには帰れないのだろう。

このメッセージは本物だ。わたしはそう確信している。そして、このモンスターについての記録も真実だと信じている。何世紀ものあいだ秘密にされていたモンスターのことを、世界中の人々が知るべきときがきたのだ。あと2、3日で、記号の解読が完了しそうだ。——ブリッグス

1575年7月2日
バークシャー州、ウォルターズ家の館にて

サウサンプトンの港を出発したあの日から12年、わたしはついに、我が家に帰りついた。ハル・ハーデカ青年も、わたしとともに、この安全なウォルターズ家の館にもどってきた。

はたして、ここは安全なのだろうか？ 1時間ほど前、まだくつろぎもしないうちに、大広間の暖炉の上に、何かが彫られているのに気づいた。以前には、なかったものだ。わたしは、目をこらして、つぶさに観察した。それを今、ここに描き写す。

☥⚚⌘⚹↯ ⚙〇 ⬤⊕⬤ ▼⚚♁ ⚛⊕⊕⊙⚙⊙

▼⚚♁ ⚚⊕⊙ ⊛⊕⚚⊕⊕⊛ ♁〇 ⚛⊕↯⚚⊙⊕⚚⊕

▼⚚♁ ⊕⚙⊕♁ ⚚♁〇 ⚚⚛⊕⊕⊙⊕⊕ ⚚⚚

♁〇⚚⚹⊙ ⊕↯⊕ ♁〇 ⚛⊕⊕

わたしは、この地図帳をさかのぼって、最初のページまでくまなく調べた。そしてようやく、理解した。怪物たちがずっと、わたしに何を伝えようとしていたのか、今のわたしには、わかる。

結局、すべては無駄に終わってしまった。わたしは全力をつくして、この地球上に生息するモンスターたちのことを記録してきた。彼らの翼、鼻、尾、キバ、かぎづめ、ウロコ、ひづめを、くわしくこまかく描いてきた。だが、そのすべてを封印しなければならない。怪物たちの警告にしたがって……。

けれども、これまでの苦労と努力の結晶を自分の手で破棄することなど、わたしにはとてもできない。この地図は箱に入れて封印し、ハルにあずけるつもりだ。彼は今や、わたしがもっとも信頼する友人となっている。わたしの領地と財産も、ハルに相続させるつもりだ。よって、今後、この館はハーデカ家の館とよばれることになるだろう。わたしは、かくれて生きていかねばならないのだ。

ハルと彼の子孫への、わたしからの遺言は、ただひとつ。この何ものにもかえがたい大切な箱をかくしつづけることだ。必要とあらば、命をかけてでも。ハルの家系が途絶えた場合には、このおそろしい秘密をみつけてしまう不運な者があらわれないことを心から願う。

わたし自身については、心おだやかに天寿をまっとうしたいと願っている。羽ペンは、何かほかのことに使うつもりだ。ここに、わたしがはじめて手がけた詩を入れておく。

コーネリアス・ウォルターズ

Cornelius Walters

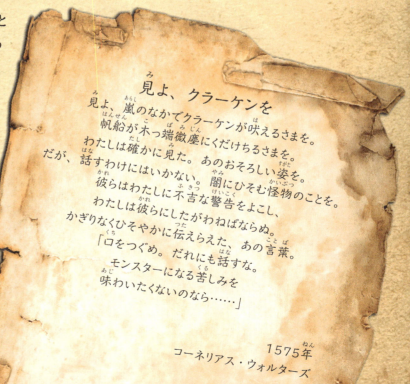

見よ、クラーケンを
見よ、嵐のなかでクラーケンが吠えるさまを。
帆船が木っ端徽塵にくだけちるさまを。
わたしは確かに見た。
だが、話すわけにはいかない。あのおそろしい姿を。
闇にひそむ怪物のことを。
彼らはわたしに不吉な警告をよこし、
わたしは彼らにしたがわねばならぬ。
かぎりなくひそやかに伝えられた、あの言葉。
「口をつぐめ。だれにも話すな。
モンスターになる苦しみを
味わいたくないのなら……」

コーネリアス・ウォルターズ
1575年

イギリス、ロンドン、ブルームズベリー地区
メルカトル地図制作会社
編集者　エドマンド・ライト様

　とにかく急いでご連絡いたします。前回のお手紙によると、御社では今週、コーネリアス・ウォルターズの『世界モンスターMAP』を印刷するご予定だとか。まだとりかかっていないことを、心から願います。今すぐに、この企画を中止してください。ウォルターズの地図はハーデカ家の館にもどし、元の箱に封印するべきです。そして、燃やすか切りきざむほうがいいのかもしれません。

　はじめてウォルターズの航海記録を読んだとき、わたしは、彼が伝奇風の作り話を書いたのだろうと考えました。ですが、何か月もかけ、彼の作品を細部にわたって研究した結果、わたしは確信しました。ウォルターズは真実を伝えていたのです。

　ハーデカ家の記録保管所にあった書類によると、ウォルターズは本当に、ヘンリー・ハーデカに莫大な遺産を相続させました。そう、かつての料理人の息子のハルに、です。多くの人々が不思議に思っていました。ウォルターズはどうして、世間から身をかくし、一介の使用人に巨万の富をあたえたのだろうかと。この、永遠にだれの目にもふれなかったはずの文書のなかで、ウォルターズはすべてを説明しています。

　ハルの一族は裕福になり、人々の尊敬を集めました。わたしの雇い主であるハーデカ教授は、ハルの家系の最後のひとりでした。つまり、ウォルターズが、いつの日かあの箱が発見されるきっかけになるのではと心配していた人物です。そして、ウォルターズの懸念は現実のものとなりました。

　きのうの夕方のことです。わたしは最後にもう１度、あの箱がかくされていた小部屋を見にいきました。すると、その壁に、こんな文字がきざまれていました。２日前には、なかったものです。

　わたしはこのメッセージを解読しました。そして今、ひしひしと感じています。わたしはこの館を去らねばなりません。逃げなくては。かくれなくては。すぐそこまで、彼らが迫っているのです。

12月9日

イギリス、バークシャー州
ハーデカ家司書
ルース・ブリッグス

Ruth Briggs

イギリス、バークシャー州
ハーデカ家司書
ルース・ブリッグス様

　ブリッグス様に『世界モンスターMAP』をご送付することを、非常に光栄に存じます。本日、世界各国で発売されました。たいへん多くの注目を集めており、弊社では、すでに増刷を検討中です。

　ですが、ひとつだけ、困惑していることがございます。昨日、弊社宛に1通の手紙がとどきました。ウォルターズが地図帳に描き写した、あの奇妙な文字で書かれているようです。弊社の専門家に見せましたが、わからないと申しております。ブリッグス様でしたら、この意味を解読できるのではないでしょうか？

12月9日

イギリス、ロンドン、ブルームズベリー地区
メルカトル地図制作会社
編集者　エドマンド・ライト

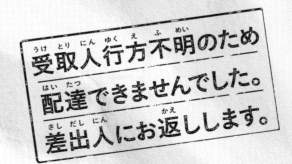

この本（ほん）で紹介（しょうかい）したモンスター

アーキグドリット　47, 49
アイシャ・カンディシャ　42, 44
アウィソトル　46, 48
アウヴェコエヤク　47, 49
アウフホッカー　19, 20
アカディーネ　19, 20
アスデーウ　39, 41
アズライル　24, 26
アダロ　56, 57
アッコロカムイ　32, 33
アナンシ　42, 44, 45
アバダ　42, 44
アバトゥワ　43, 45
アバラーラ　34, 37
アマロック　46, 49
アメミット　42, 44
アルクラ　25, 26
アルマス　25, 26
アンテロ・ヴィプネン　15, 17
アンドヴァリ　15, 17
アンフィスバエナ　42, 44

イエティ　28, 31
イクトゥルソ　15, 17
一角獣（いっかくじゅう）　38, 41
イプピアーラ　50, 51
インカニヤンバ　43, 45
インプンドゥル　43, 44
応龍（インロン）　29, 30

ヴァヴェルのドラゴン　15, 17
ウアレペン　50, 51
ヴァンパイア　22, 23
ヴェータラ　34, 36
ウェールズの赤（あか）いドラゴン　12, 13
ヴォジャノーイ　15, 17
ウピル　24, 26

エメラ・ントゥカ　43, 44
エル・オンブレ・カイマン　50, 51
エル・クエロ　50, 51
エル・サンガロン　18, 20
エロコ　43, 44

オオカミ男（おとこ）　22, 23
大（おお）ナマズ　32, 33
鬼（おに）　32, 33
オブラ川（がわ）の怪物（かいぶつ）　15, 17

ガージス　35, 36
獬豸（かいち）　29, 30
河童（かっぱ）　32, 33
カマプアア　56, 57
カマリ　25, 26
カラコンジョロス　38, 40, 41
ガラボンツィア　19, 21
カリュブディス　19, 20, 21

キキーモラ　24, 26
キマイラ　22, 23
九尾狐（きゅうびこ）　29, 30,
キュクロプス　22, 23
巨人（きょじん）のトゥッル　15, 17
殭屍（キョンシー）　28, 30
麒麟（きりん）　29, 31
ギルタブリル　38, 40, 41

グール　38, 41
クエグレ　18, 20
クシュタカ　46, 49
九頭龍（くずりゅう）　32, 33
クットゥフ　25, 26
クラーケン　14, 16
クランガイトゥク　53, 54
クランプス　19, 20
グリーンマン　12, 13
グリフォン　24, 26
グリムゼー島（とう）のトロール　14, 16
グルマパ　28, 31
クルル　38, 40, 41
グローツラング　43, 44
クロイツェ　24, 26

形天（けいてん）　29, 30
ケルピー　14, 16
ケンタウロス　22, 23

ゴーレム　19, 21
コーンウォールのピスキー　12, 13
ゴグとマゴグ　12, 13
コジェイ　25, 26
ゴブリン　14, 16
コプワイ　53, 55
コリ・アスマリス　42, 44
コンテ・アルナウ　18, 20

サスクワッチ　46, 48
ザラタン　39, 40

シームルグ　39, 40
ジェティ・オグズ　24, 26
ジェングー　43, 44
シタバイ　50, 51
ジャージー・デビル　47, 48
ジャイアント・ディンゴ　52, 55
ジャッカロープ　46, 48, 49
商羊（シャンヤン）　28, 30
シュラーレ　25, 26
ジン　39, 40, 41
真実（しんじつ）の口（くち）　19, 20
人面樹（じんめんじゅ）　32, 33

スヴァトゴール　22, 23
スキュラ　19, 20, 21
スクォンク　47, 48, 49
ストーン・ジャイアント　47, 48
スフィンクス　38, 41
ズメイ　24, 26, 27
スリー・シスターズ　53, 55

セルキー　14, 16

相柳（そうりゅう）　28, 30
ゾモック　19, 21
ソロベイ・ラフマティチ　24, 26
孫悟空（そんごくう）　28, 30
ゾンビ　47, 48

タイヅァラック　46, 49
タッツェルブルム　19, 21
タニファ　53, 54
タマンゴリ　56, 57
ダム・ブランシュ　18, 20
タラスク　18, 20, 21

タランタージオ　19, 20
ダンダン　39, 40
チュパカブラ　46, 48
ちょうちんおばけ　32, 33
チンシー　34, 36

ティグレ・カピアンゴ　50, 51
ティパカ　35, 36
テ・トゥナ　56, 57
テ・フェケ＝ア＝ムツランギ　53, 54
天井嘗（てんじょうなめ）　32, 33
ドアル・クー　12, 13
トゥイ・デライ・ガウ　56, 57
トゥム＝ライ＝フエナ　56, 57
トコロシェ　43, 44
トッケビ　29, 31
ドモヴォーイ　24, 26
ドラウゲン　14, 16
ドルオン・アンティゴーン　14, 16
トロウ　12, 13

ナーガ　34, 35, 36
ナギニ　35, 36
ナッカー　12, 13
ナックラヴィー　12, 13
ナナヌエ　56, 57
ナモロド　52, 55
ナリ・ラサ・ウェラ　34, 37

ニャミニャミ　43, 44
年（ニャン）　29, 30, 31
ニンゲン　52, 55

ぬっぺっぽう　32, 33
ヌラユイニック　47, 49

ネス湖の怪獣（かいじゅう）　12, 13
ネリンガ　15, 17

ハーカペイニッツィ　46, 48
バーバ・ヤーガ　24, 26
ハイエトリック　46, 49
海和尚（ハイフーシャン）　29, 31
パトゥパイアレヘ　53, 54
バニップ　52, 55
バラウール　22, 23
ハルピュイア　22, 23
パレスマルト　24, 26
バロン　35, 36
バンシー　14, 16

ピアサ　47, 48
贔屓（ビシ）　28, 30
ピシャーチャ　34, 37
火（ひ）の鳥（とり）　24, 26
ピヌヌ　50, 51

フープ・スネーク　52, 55
フィン・マックール　12, 13
フェンリル　15, 17
ブカヴァッツ　19, 21
プゴット　35, 36
不死鳥（ふしちょう）　38, 41
ブソ　35, 36
ブチャーチ＝クン＝イルクス　19, 20

フマ　39, 40
ブラック・シャック　14, 16
ブラットアイ　47, 48
ブレムミュアエ人（じん）　42, 44
ブロッケン山（さん）の魔女（まじょ）たち　14, 16

ベッテネッダ　19, 20
ヘラクレス　22, 23
ホークスベリー川（がわ）の怪物（かいぶつ）　53, 55
ホック・ブラス　18, 20
ポナトゥリ　53, 54
ポンティアナック　35, 36

マカラ　34, 36
マドレモンテ　50, 51
マフィエ　56, 57
マヤの宇宙（うちゅう）ワニ　47, 48
マラワ　56, 57
マンザシリ　28, 30
マンティコア　39, 40
マンププニョルの巨人（きょじん）　24, 26

ミキアユック　47, 49
ミシピシュ　47, 48
ミナタ＝カライア　50, 51
ミノタウロス　22, 23

ムーシュヴェリ　14, 16

メジェンクワアド　56, 57

モージュウィンク　52, 55
モウラ・エンカンターダ　18, 20
モンゴリアン・デス・ワーム　29, 30

ヤクママ　50, 51
ヤ＝テ＝ベオ　43, 44
ヤラ＝マ＝ヤー＝フー　52, 55
ヤンボー　42, 44

ヨーウィー　53, 55

ラークシャサ　34, 36, 37
ラ・セグア　47, 48
ラマス　39, 40
ラミア　42, 44
ラムヒギン・ア・ドゥール　14, 16

リヴァイアサン　38, 41
陸（りく）にとじこめられた人魚（にんぎょ）　12, 13
龍神（りゅうじん）　32, 33
リントヴルム　14, 16

ルー・カルコル　18, 20
ル・シュヴァル・マレ　18, 20

レーシィ　15, 17
レガロウ　47, 48
レプラコーン　12, 13
レヤック　35, 36

ローペン　56, 57
ロック　39, 41
龍王（ロンワン）　29, 30